Rudolf Steiner Grenzerlebnisse der Seele

Rudolf Steiner

Grenzerlebnisse der Seele

Schreck, Scham, Zweifel und schreckvollste Verwirrung

Eingeleitet und kommentiert von Harald Haas

2. Auflage 2021

Einbandgestaltung: Finken & Bumiller, Stuttgart
Satz: Satz für Satz, Wangen im Allgäu
Druck und Bindung: Florjančič tisk, Maribor
Printed in Slovenia

ISBN 978-3-7274-5415-8

www.steinerverlag.com

INHALT

Anhang

EINLEITUNG

«Nach den Erkenntnissen der Anthroposophie lebte die Menschheit in alten Zeiten in dem instinktiv-hellsichtigen Bewusstsein, dass alles Welt- und Menschenleben bewirkt, gestaltet und getragen wird durch die Schöpferkräfte einer göttlich-geistigen Welt. Dieses Bewusstsein wurde im Laufe der Zeiten immer schwächer, bis es sich durch das einzig auf die physischen Weltgesetze gerichtete Verstandesdenken der Neuzeit völlig verlor. Es war dies notwendig, weil nur so der Mensch von der schöpferischen Geistigkeit des Universums bewusstseinsmäßig unabhängig werden und sich dadurch den Freiheitssinn erobern konnte. Nunmehr besteht die Aufgabe der menschlichen Entwicklung darin, aus dem freien, von der Weltgeistigkeit nicht bestimmten Intellekt sich das Bewusstsein vom Zusammenhang mit der Weltgeistigkeit neu zu erringen.»

Mit diesen Worten fasst Hella Wiesberger, frühere Herausgeberin am Rudolf Steiner Archiv, den Weg der Menschheitsentwicklung nach Rudolf Steiner zusammen. Sie können und sollen als Leitmotiv auch über der vorliegenden Textzusammenstellung stehen, die sich mit den «Grenzerlebnissen der Seele» befasst. Auch hierbei führt der Weg aus der göttlichen Welt zur menschlichen Freiheit und von da zurück in die bewusste Verbindung mit dem Geistigen. Dabei soll, auch und gerade wo es um psychische Phänomene geht, die naturwissenschaftliche Haltung der Neuzeit keinesfalls ignoriert oder geleugnet werden. Anthroposophie will die naturwissenschaftliche

Perspektive, die nach dem Irdisch-Räumlichen ausgerichtet ist, wieder mit dem Göttlich-Geistigen verbinden.

Auf dem Weg zum Geistigen, zur individuellen Freiheit gerät der Mensch in Auseinandersetzungen mit zunächst hindernden Wesen, die der seelisch-geistigen Welt angehören und auch als Widersacherwesen angesprochen werden. Dass aus den Begegnungen mit diesen Widersacherwesen an den «Grenzen der Seele» die vielfältigen Erscheinungen der Ängste als eben solche Grenzerfahrungen resultieren, will diese Zusammenstellung einschlägiger Passagen aus den Vorträgen und Schriften Rudolf Steiners zeigen. Dabei sind die Widersacherwesen nicht einfach «böse», wie dies oftmals geurteilt wird. Sie sind von der göttlichen Weltenlenkung zugelassen und dienen schlussendlich der Entwicklung des Menschen. Dies hatte schon Goethe im ersten Teil seines «Faust» erfasst, wo er den Mephisto sprechen lässt: «Ich bin ein Teil von jener Kraft, die stets das Böse will und stets das Gute schafft.» Zeitgeschichtlich genauer kann man in Rudolf Steiners Ausführungen finden, dass der Erzengel Michael die geistige Welt in den Jahren 1842 bis 1879 in einem Kampf von diesen Wesen «gereinigt» hat und sie dadurch in die Seele der Menschen stürzen ließ.

Für die spirituelle Betrachtung der Angstphänomene ist es notwendig, dieses Wirken der geistigen Wesen mit einzubeziehen. Des Weiteren zu berücksichtigen sind Veränderungen im Gefüge der Elemente (des Flüssigen, Luftigen und der Wärme) im Leib sowie der Seelenkräfte von Denken, Fühlen und Wollen. Bezüglich der Seelenkräfte zeigen sich die Ängste in zwei Konfigurationen: in der verstärkten Assoziation, als neurotisches «Ineinanderpurzeln», und bei der Lockerung, als Dissoziation. Auch die Lockerung der Wesensglieder, des ätherischen

Leibes vom physischen Leib und des Seelen- oder Astralleibes vom Ätherleib sowie des Ich vom Seelenleib, spielt als Grundlage der Angsterscheinungen eine Rolle.

Eine solche differenzierte Sicht ist Voraussetzung für ein rationelles Einwirken durch medikamentöse, leiborientierte, künstlerische, psychotherapeutische und spirituelle Behandlungsformen. Die Besonderheiten der Ängste zeigen sich dann vor allem in der zeitlichen Erscheinungsdimension und im inneren Erleben, was objektiv nur durch geisteswissenschaftliche Erkenntnisse auf der Grundlage übersinnlicher Wahrnehmungen möglich ist. Aus den vielfältigen Hinweisen Rudolf Steiners zu den Angstformen ergibt sich eine Schulungsmöglichkeit der eigenen Erlebnisfähigkeit, auch wenn noch keine umfassende Hellsichtigkeit vorhanden ist. Dabei kann das denkende Begegnen der Phänomene schon als erste Stufe der geistigen Wahrnehmung angesehen werden. Es ist heute bereits so, dass viele therapeutisch Tätige eine über die äußere Sinneswahrnehmung hinausgehende Erlebnisfähigkeit mitbringen und weiter schulen. Die Krankheitsphänomene können dann, wenn sie richtig gedacht werden, in einem – ähnlich wie Paracelsus dies beschrieb – «durch die menschliche Natur und Seele gehenden Examen» angesehen werden.

Ohne diese geistige Dimension einzubeziehen, kann man nur die von außen erlebbaren Phänomene studieren und (statistisch) ordnen, wie dies die heutige Psychologie und Psychiatrie tun. In diesem Sinne rubriziert werden sie als «psychische Störungen», insbesondere in der von der Weltgesundheitsorganisation herausgegebenen «Internationalen Klassifikation der Erkrankungen», aktuell in der 10. Revision vorliegend und entsprechend abgekürzt als ICD-10, sowie in dem von der American Psychiatric Association herausgegebenen «Diagnostical and Statistical Manual of Mental Disorders», aktuell in der 5. Revision, abgekürzt DSM-5.

Ist es nicht erstaunlich, dass ein Großteil der als «neurotische, Belastungs- und somatoforme Störungen» (nach ICD-10) bezeichneten Erkrankungen eigentlich erst im Laufe des 19. Jahrhunderts mit der Entwicklung der Hypnose und der Psychoanalyse auffällig wurde? Das bedeutet doch, dass sie «neuzeitige Erkrankungsformen» darstellen, wohingegen die anderen psychischen Erkrankungen der Depression, Manie oder Demenz schon mindestens seit dem Altertum bekannt sind. Könnte die späte Erscheinung verschiedener Ängste nicht Ausdruck dafür sein, dass sie mit den «geistig-menschlichen Veränderungen» zusammenhängen, die Rudolf Steiner innerhalb der Menschheitsentwicklung als den «Sturz der Geister der Finsternis» und die «Lockerung des Ätherleibes vom physischen Leib des Menschen» geschildert hat?

Mit den beiden eben genannten Themen beginnt diese Textzusammenstellung, um damit Voraussetzung zu schaffen für das Verständnis der Ängste und nervösen Erscheinungen. Hinzu kommt als Drittes noch der Aspekt des unbewussten Schwellenübergangs des einzelnen Menschen, der zu einer weiteren Lockerung der Wesensglieder und der Seelenglieder voneinander führt. Dabei lässt sich schon bei unbefangener Betrachtung feststellen, dass die alltäglichen Handlungen der heutigen Menschen immer mehr von außen durch Sachzwänge bestimmt sind und häufig ihren Empfindungen und inneren Überzeugungen nicht entsprechen. Erst durch Gewinnung der eigenen Freiheit und des Mitleids bzw. der Liebe in Denken, Fühlen und Wollen kann dies überwunden werden.

Hier zeigt sich die Bedeutung der verschiedenen Ängste, die in diesen Prozess befördernd eingreifen, indem sie aufzeigen, dass die Orientierung an den rein äußeren Gegebenheiten des Lebens keine wahre Grundlage für die Lebensgestaltung bietet. Der Widerstand, den die Ängste gegenüber diesen ‹Äußerlichkeiten› leisten, macht unsere Einstellungen im tieferen Sinne fragwürdig und bietet eine Chance, die Illusionen oder Falschheiten der eigenen Lebenszusammenhänge zu durchschauen. Man kann in diesem Sinne von der geistigen Seite aus auch von einer heilsamen Mission der Ängste in Bezug auf die Überwindung und allenfalls Verwandlung der Widersachermächte sprechen.

Es ist offensichtlich und scheint oftmals selbstverständlich, dass die heutige wissenschaftliche Welt die spirituellen Bezüge der psychischen Phänomene oder Erkrankungen nicht akzeptiert und in die «vorwissenschaftliche Ecke» abtut. Doch ist es zugleich eine Tatsache, dass sich die psychiatrische Wissenschaft schwertut, die psychischen Leiden dauerhaft und klar zu erfassen und dass die Übereinkünfte über Diagnosen und Definitionen viele akademische Untersuchungen benötigen und trotzdem jeweils nur für einen Zeitraum von etwa zehn Jahren oder etwas mehr Gültigkeit haben. Meist gehen die beteiligten Wissenschaftler bereits beim Abschluss einer neuen Klassifikation der psychischen Störungen davon aus, dass die nächste Revision vorbereitet werden sollte.

Hier erweist sich die geisteswissenschaftliche Beleuchtung Rudolf Steiners in seinen öffentlichen und Mitgliedervorträgen wie auch in seinen grundlegenden Schriften über das Thema der Ängste als erstaunliche und wichtige Ergänzung. Das Besondere ist dabei, dass er nicht nur seelisch-geistige Bezüge, sondern vielfach auch seelisch-leibliche Bezüge aufzeigt, die in der heutigen Wissenschaft weitgehend in Vergessenheit geraten sind oder schlicht übergangen wurden. Eine letzte diesbezügliche Verknüpfung gab es bis zu Beginn des 19. Jahrhunderts, als sich die Einteilung der psychischen Erkrankungen an der Temperamentenlehre des Aristoteles orientierte und die Physiognomie zusammenhängend mit der Krankheitsdisposition betrachtet wurde.

Die Angstphänomene, die Rudolf Steiner schildert und die er begrifflich recht einheitlich bezeichnet, sind zum großen Teil schon im Untertitel dieses Buches erwähnt: «Schreck, Scham, Zweifel und schreckvollste Verwirrung», wobei er den letzten Begriff noch zu «schreckenvollste Verwirrung» verstärkt. Diese Zustände sind komplementär aufeinander bezogen, lassen sich mithin als Polaritäten verstehen, wobei sich Schreck und Scham sowie Zweifel und schreckvollste Verwirrung gegenüberstehen. Physiologisch sind die Reaktionen von Schreck und Scham im Blutkreislauf situiert, wobei beim Schreck das Blut nach innen strömt und sich äußerlich eine Blässe zeigt, während sich bei der Scham das Gegenteil ereignet. Hier drängt das Blut an die Körperoberfläche und dadurch erfolgt eine Rötung der Haut, ein Erröten (Kapitel III).

Die Phänomene des Zweifels und des Skeptizismus sind nach innen zum «Materiepol» der Seele gewendet, wo die Wirkung von luziferischen Wesen erscheint; die der schreckvollsten Verwirrung sowie der Klaustrophobie, Astraphobie und Agoraphobie nach außen zum «Bewusstseinspol» der Seele, zur von ahrimanischen Wesen verzerrten Wahrnehmung (Kapitel IV und V). Von den drei letztgenannten Phänomenen ist als Begriff in der heute üblichen Nomenklatur nur die Agoraphobie übrig geblieben.

Hinzu kommen zwei weitere: Panik und Sorge (Kapitel VI und VII). Auch hier findet sich eine ähnliche Wahrnehmungsorientierung, wobei die Panik mit dem Zweifel verwandt ist und bei der Sorge die äußere Bewusstseinswelt verzerrt entgegenkommt.

Der schreckvollsten Verwirrung wird hier größerer Raum gegeben, da die dazugehörigen Aspekte sehr vielfältige sind. Auch auf dem Hintergrund der im Laufe der Menschheitsentwicklung stattfindenden konstitutionellen Veränderungen wird verständlich, dass die Bereitschaft zur Ausbildung von Traumafolgestörungen durch die Tendenz zur Dissoziation der Seelen- und Wesensglieder immer größer wird. Bei sensiblen Menschen kann schon das Erfahren über und das Miterleben von Traumata bei nahen Bezugspersonen zu einer akuten oder posttraumatischen Stressreaktion führen. Dies ist bereits im Mutterleib möglich, wenn zum Beispiel ein Zwilling unbewusst miterlebt, wie der andere stirbt. Angesichts des Fortschreitens dieser menschheitsgeschichtlichen konstitutionellen Veränderungen ist zu erwarten, dass der Dissoziationszustand zu einer Grundveranlagung wird und es nur dann ein gesundes Seelenleben geben wird, wenn der Mensch bewusst einen Übungsweg antritt, um durch seine Ichwirksamkeit die anderen Wesensglieder zu stärken (Kapitel VIII).

Ausführliches dazu schildert Rudolf Steiners Vortrag «Nervosität und Ichheit» aus dem Jahr 1912, der bereits in der Reihe der Thementexte vorliegt. Um die Angstphänomene jedoch umfassend und in all den verschiedenen Aspekten zu behandeln, kann hier nicht in der nämlichen Weise auf eine Gesamtdarstellung in Form eines einzelnen kohärenten Vortrages zurückgegriffen werden; stattdessen sind die verschiedenen thematisch zentralen Textpassagen aus Steiners schriftlichen wie auch dem Vortragswerk mit erläuternden Kommentaren zusammengestellt.

Im Anschluss an die Darstellung der Ängste werden in Kapitel IX geisteswissenschaftliche Perspektiven aufgezeigt, die einen heilsamen Umgang mit diesen Grenzerlebnissen der Seele ermöglichen. Eine allgemeine Hilfe bietet der geisteswissenschaftliche Schulungsweg, der ausgehend von der Erkraftung des Denkens, Fühlens und Wollens in der Arbeit mit der «Philosophie der Freiheit» (GA 4) mittels der Übungen zur Entwicklung des Kehlkopf- und Herzchakras aus «Wie erlangt man Erkenntnisse der höheren Welten» (GA 10) und aus «Die Geheimwissenschaft im Umriss» (GA 13) bis zur Entwicklung der übersinnlichen Erkenntnisstufen geführt wird.

Im letzten Kapitel (X) findet sich ein systematischer Überblick über die verschiedenen Formen der Angst, wobei die aktuellen wissenschaftlichen Diagnosen den Beschreibungen Rudolf Steiners gegenübergestellt werden. Diese schematische Darstellung zeigt abschließend noch einmal, dass sämtliche heute üblichen Angstdiagnosen – Phobien und andere Angststörungen, aber auch Anpassungs-, Belastungs- oder Stressstörungen sowie dissoziative Störungen – durch die geisteswissenschaftliche, anthroposophische Betrachtung eine bereichernde Erklärung finden. Sie ist Grundlage für ein erweitertes Verständnis seelischer Erkrankungen und für eine rationelle spirituelle Therapie beziehungsweise Selbstschulung.

I. DER URSPRUNG VON IRRTUM, FURCHT UND NERVOSITÄT

In seiner «Geheimwissenschaft im Umriss» stellt Rudolf Steiner die Weltentwicklung im Zusammenhang mit der Menschheitsentwicklung dar. Die für unsere Erörterung seelischer Belastungen und Ängste relevanten Entwicklungen beginnen in einer Zeitepoche, die von ihm als «Lemuris» bezeichnet wird. Damals kamen die Menschen mit den Widersacherwesen in Beziehung und dadurch auch mit Irrtum, Furcht und Angst durch die Entwicklung von Begierdenhaftigkeit und Leidenschaften der Seele. Lemuris liegt erdgeschichtlich Jahrmillionen zurück, als sich die Sonne von der Erde getrennt hatte und sich auch der heutige Mond von ihr trennte. Für den Menschen war dies verbunden mit dem ersten physisch-körperlichen Erscheinen auf der Erde und mit der Aufnahme des «individuellen Ich» in die leibliche (physischer und Ätherleib) und seelische Organisation (Astralleib). Die dabei einwirkenden Wesen werden als luziferische benannt, die ihre Entwicklungsproblematik aus viel früheren Erdentwicklungsepochen des «alten Mondes» mitbringen und deshalb als «Erden-Mondenwesen» bezeichnet werden. Sie bewirkten durch ihren Einfluss auf die leiblicheseelische Konstitution des Menschen eine stärkere Bewusstheit, aber auch die Möglichkeit von Krankheit und Tod. Zudem verschwand unter dem Einfluss der luziferischen Wesenheiten das Bewusstsein von früheren Erdenleben.

Die geistigen Wesenheiten, welche den Mond aus der Erde herauszogen und ihr eigenes Dasein mit dem Monde verbanden – also Erden-Mondenwesen wurden –, bewirkten durch die Kräfte, die sie von dem letzteren Weltkörper aus auf die Erde sandten, eine gewisse Gestaltung der menschlichen Organisation. Ihre Wirkung ging auf das vom Menschen erworbene «Ich». In dem Zusammenspiel dieses «Ich» mit Astralleib, Ätherleib und physischem Leib machte sich diese Wirkung geltend. Durch sie entstand im Menschen die Möglichkeit, die weisheitsvolle Gestaltung der Welt in sich bewusst zu spiegeln, sie abzubilden wie in einer Erkenntnisspiegelung. [...]

Die Wirkung, die von den im Mondenzustand zurückgebliebenen Geistwesen auf den Menschen ausging, hatte nun für diesen ein Zweifaches zur Folge. Sein Bewusstsein wurde dadurch des Charakters eines bloßen Spiegels des Weltalls entkleidet, weil im menschlichen Astralleibe die Möglichkeit erregt wurde, von diesem aus die Bewusstseinsbilder zu regeln und zu beherrschen. Der Mensch wurde der Herr seiner Erkenntnis. Andrerseits aber wurde der Ausgangspunkt dieser Herrschaft eben der Astralleib; und das diesem übergeordnete «Ich» kam dadurch in stetige Abhängigkeit von ihm. Dadurch ward der Mensch in der Zukunft den fortdauernden Einflüssen eines niederen Elementes in seiner Natur ausgesetzt. Er konnte in seinem Leben unter die Höhe herabsinken, auf die er durch die Erden-Mondenwesen im Weltengange gestellt war. Und es blieb für die Folgezeit für ihn der fortdauernde Einfluss der charakterisierten unregelmäßig entwickelten Mondwesen auf seine Natur bestehen. Man kann diese Mondwesen im Gegensatz zu den andern, welche vom Erdenmonde aus das Bewusstsein zum Weltenspiegel formten, aber keinen freien Willen gaben, die luziferischen Geister nennen. Diese brachten dem Menschen die Möglichkeit, in seinem Bewusstsein eine freie Tätigkeit zu entfalten, damit aber auch die Möglichkeit des Irrtums, des Bösen. [...]

Weil der Mensch nach seinen eigenen, dem Irrtum unterworfenen Vorstellungen sich den Einflüssen der Außenwelt aussetzte, weil er nach Begierden und Leidenschaften lebte, welche er nicht nach höheren geistigen Einflüssen regeln ließ, trat die Möglichkeit von Krankheiten auf. Eine besondere Wirkung des luziferischen Einflusses war aber diejenige, dass nunmehr der Mensch sein einzelnes Erdenleben nicht wie eine Fortsetzung des leibfreien Daseins fühlen konnte. Er nahm nunmehr solche Erdeneindrücke auf, welche durch das eingeimpfte astralische Element erlebt werden konnten und welche mit den Kräften sich verbanden, welche den physischen Leib zerstören. Das empfand der Mensch als Absterben seines Erdenlebens. Und der durch die menschliche Natur selbst bewirkte «Tod» trat dadurch auf. Damit ist auf ein bedeutsames Geheimnis in der Menschennatur gedeutet, auf den Zusammenhang des menschlichen Astralleibes mit den Krankheiten und dem Tode.

Eine weitere wesentliche Wirkung ergab sich durch die luziferischen Wesenheiten auf das Seelische, indem nun bei der Loslösung von den göttlich-geistigen Wesenheiten Furcht und Angst als unmittelbare Folgen von Irrtum und Freiheit entstehen konnten. Außerdem begannen früher in der Weltentwicklung zurückgebliebene Wesen, die «ahrimanischen Wesen», in ähnlicher Art auf den Menschen einzuwirken. Anders formuliert: *Ängste sind*

Begleiterscheinungen der Entwicklung des Menschen auf dem Weg zur Freiheit.

Und in dem Grade, als das menschliche Bewusstsein überhaupt entwickelt war, konnte es auch voraussehen, wie sich in der Zukunft die Dinge nach dem vorgefassten Plane entwickeln müssen. Dieses vorausschauende Bewusstsein ging verloren, als sich vor die Offenbarung der höheren geistigen Wesenheiten der Schleier der irdischen Wahrnehmungen hinwob und in ihnen die eigentlichen Kräfte der Sonnenwesen sich verbargen. Ungewiss wurde nunmehr die Zukunft. Und damit pflanzte sich der Seele die Möglichkeit des Furchtgefühles ein. Die Furcht ist eine unmittelbare Folge des Irrtums. – Man sieht aber auch, wie mit dem luziferischen Einflusse der Mensch unabhängig wurde von bestimmten Kräften, denen er vorher willenlos hingegeben war. Er konnte nunmehr aus sich heraus Entschlüsse fassen. Die Freiheit ist das Ergebnis dieses Einflusses. Und die Furcht und ähnliche Gefühle sind nur Begleiterscheinungen der Entwickelung des Menschen zur Freiheit.

Geistig angesehen stellt sich das Auftreten der Furcht so, dass innerhalb der Erdenkräfte, unter deren Einfluss der Mensch durch die luziferischen Mächte gelangt war, andere Mächte wirksam waren, die viel früher im Entwickelungslaufe als die luziferischen Unregelmäßigkeit angenommen hatten. Mit den Erdenkräften nahm der Mensch die Einflüsse dieser Mächte in sein Wesen herein. Sie gaben Gefühlen, die ohne sie ganz anders gewirkt hätten, die Eigenschaft der Furcht. Man kann diese Wesenheiten die ahrimanischen nennen; sie sind dieselben, die – in Goethes Sinne – mephistophelisch genannt werden.

In der weiteren Entwicklung durch die späteren Zeiten, die nach einem alten Wissen als die atlantischen bezeichnet werden können und vor der letzten Sintflut (Eiszeit) lagen, trat der Einfluss der luziferischen und verstärkt auch der ahrimanischen Wesenheiten auf den Menschen in Form von Trugbildern, Wahnphantomen und Illusionen auf:

Es hatten sich demnach seit der Mitte der atlantischen Entwickelungszeit Wesen im Bereich der Menschheitsentwickelung geltend gemacht, welche dahin wirkten, dass der Mensch sich in die sinnlich-physische Welt in einer ungeistigen Art hineinlebte. Das konnte so weit gehen, dass ihm statt der wahren Gestalt dieser Welt Trugbilder und Wahnphantome, Illusionen aller Art erschienen. Nicht *nur* dem luziferischen Einfluss war der Mensch ausgesetzt, sondern auch demjenigen dieser anderen Wesen, auf die oben hingedeutet worden ist und deren Führer nach der Benennung, die er später in der persischen Kultur erhalten hat, Ahriman genannt werden möge. (Der Mephistopheles ist dasselbe Wesen.) Durch diesen Einfluss kam der Mensch nach dem Tode unter Gewalten, welche ihn auch da nur als ein Wesen erscheinen ließen, welches den irdisch-sinnlichen Verhältnissen zugewandt ist. Der freie Ausblick in die Vorgänge der geistigen Welt wurde ihm immer mehr genommen. Er musste sich in der Gewalt des Ahriman fühlen und bis zu einem gewissen Maße ausgeschlossen sein von der Gemeinschaft mit der geistigen Welt.

Eine Vertiefung des Verständnisses von der Wirkung der luziferischen und ahrimanischen Wesen ermöglicht der Vortragszyklus «Die okkulte Bewegung im neunzehnten Jahrhundert und ihre Beziehung zur Weltkultur» (GA 254), denn das Wirken dieser Wesen ist bereits in dieser Zeit, in der die Idee des Materialismus zur Philosophie und Grundlage der Wissenschaft wurde, stark ausgeprägt, wenn auch im Verborgenen. Doch war es auch für die Ausbildung des klaren Denkens durchaus notwendig und nur mit dem Materialismus zu erreichen. Es sollte der Materialismus aber nicht zur alleinigen Weltanschauung werden.

Dabei hatte schon Goethe mit seiner Art der Naturwissenschaft die Grundlage gegeben, nicht in Theorien «hinter den Dingen» zu verfallen (wie z. B. in den materiellen Ideen über die Atome oder die Natur des Lichtes), sondern die Phänomene an sich selbst sprechen zu lassen, was schon dem Verfallen an die Widersachermächte entgegenwirkt. Trotzdem war er in seinen Schilderungen im «Faust» nicht dazu in der Lage, die beiden Kräfte auseinanderzuhalten, und hat beide in der Gestalt des Mephisto dargestellt.

Nach Rudolf Steiner kann man das Wirken des Ahriman dadurch charakterisieren, dass er «uns anlügen [will], anlügen durch die materialistische Weltanschauung». Und die Beteiligung Luzifers folgt daraus, «dass man das, was einen als ahrimanisches Bild, als ahrimanische Welt anlügt, annimmt, weil Luzifer dem Ahriman zu Hilfe kommt, und man dann eine gewisse Sehnsucht bekommt, gewisse Irrtümer als Wahrheiten hinzunehmen.»

Im zehnten Vortrag des Zyklus werden die Bewusstseinsmöglichkeiten und ihre Grenzen aufgezeigt. Dabei spielt sich das Seelische in Denken, Fühlen und Wollen des Menschen ab, zwischen den Grenzen der objektiven

Wirklichkeit der äußeren Natur, die von Ahriman, und der subjektiven Wirklichkeit, die von Luzifer aufgetrennt wird. In unserer jetzigen Entwicklungsperiode der Bewusstseinsseele hin zum Geistselbst entwickelt sich besonders der Intellekt, den Ahriman ergreifen will. Das Gegenmittel kann nur in der Entwicklung eines klaren und genauen Denkens liegen, das aus der Selbsterziehung gewonnen werden muss.

Dagegen versucht Luzifer in den Willen derart zu wirken, «dass er nicht aus durchdachten, durchgeistigten Impulsen heraus handelt, sondern aus Impulsen, die dem bloßen Temperament, den bloßen Neigungen entspringen». Letzteres zeigt sich dann in «Zwangsvorstellungen», wenn nicht genügend Wille im Bewusstsein vorhanden ist, und in der «Berührungsfurcht».

Für die weitere individuelle Entwicklung soll aber nichts, was außerhalb des normalen Bewusstseins liegt, von der ahrimanischen oder luziferischen Seite in dieses hineingetragen werden, sondern es soll allein auf der Entwicklung des klaren Denkens beruhen.

Nehmen wir die Entwicklung, wie sie unserer Erdenzeit voranging in der Saturn-, Sonnen- und Mondenzeit. Da war der Mensch noch nicht in diesem Sinne im richtigen Verhältnisse zu den anderen Menschen. Er stand in gewissem Sinne den anderen Menschen zu nahe. Noch während der Mondenzeit war es so [...], dass, wenn einer etwas wollte, das auf den anderen Menschen weiterwirkte. Der andere Mensch verspürte gewissermaßen den Willen seines Nebenmenschen. Und dass es in der richtigen Weise geschah, das regelten die Geister der höheren Hierarchien.

Diese Regelung durch die Geister der höheren Hierarchien würde, wenn sie fortdauerte, den Menschen niemals im Kosmischen ganz zur Freiheit kommen lassen. Es musste einmal diese Regelung aufhören. Daher musste eine solche Bewusstseinsform eintreten, die möglich machte, dass zwischen Mensch und Mensch gewissermaßen eine Grenze da war. Dadurch, dass wir auf der einen Seite nicht durch die Natur, auf der anderen Seite nicht durch die Seelenwelt durchschauen, dadurch ist das Verhältnis von einer Seele zur anderen Seele wirklich so, dass auch zwischen zwei Seelen eine gewisse Grenze geschaffen wird. Diese Grenze ist gerade durch unsere gegenwärtige Bewusstseinsform vorhanden. Es ist ja eine besondere, charakteristische Eigenschaft unserer gegenwärtigen Bewusstseinsform, dass wir eigentlich Spiegelungen empfinden. Das gilt natürlich auch für unseren Verkehr zwischen Mensch und Mensch. Dadurch, dass wir, wenn wir dem Menschen gegenübertreten, für unsere gegenwärtige Bewusstseinsform namentlich eine Spiegelung des Bewusstseins in sich selbst haben, können wir nicht so brutal an den Menschen herantreten, dass wir den Inhalt unseres Bewusstseins in seine Seele hineinergießen. Ist also unser Bewusstsein normal gut entwickelt, so verhindert es uns daran, dass wir dem Bewusstsein der anderen zu nahe treten. Ich könnte auch sagen: unsere Bewusstseins- und Intelligenzkräfte sind so angeordnet, dass wir weder einen zu großen Einfluss auf den anderen Menschen nehmen können, noch dass der andere Mensch einen zu großen Einfluss auf uns nehmen kann, weil wir durch die Spiegelung unseres Bewusstseins von dem anderen Menschen getrennt sind.

Das ist eine sehr bedeutsame Sache, die man recht sehr ins Auge fassen sollte zum Verständnis der menschlichen Entwicklung. Wenn irgendwo ein Defekt im normalen Bewusstsein auftritt, so sehen Sie gleich, wie die Dinge eigentlich stehen. Denken Sie sich einmal nur einen Menschen, dessen Bewusstsein nicht ganz normal entwickelt ist, der, sagen wir, ein bisschen von dem hat, was man vielleicht mit einem ärgerlichen, aber manchmal recht zutreffenden Worte in den letzten Wochen «mystische» oder sonstige «Verschrobenheit» genannt hat. Nehmen wir an, das Bewusstsein wäre nicht ganz normal, sondern neigte zu allerlei Phantasien, die gestützt wären durch gewisse abnorme Bewusstseinserlebnisse, abnorm für unsere Zeit: Sie werden immer wieder erleben, dass solche abnorme Bewusstseine auf andere Seelen einen viel größeren Einfluss haben als das normale Bewusstsein. Ein Mensch, der, wenn ich es etwas grob ausdrücken soll, ein wenig verrückt ist nach irgendeiner Richtung hin, hat auf seine Mitmenschen einen viel größeren Einfluss als ein normaler Mensch; und der Normale muss sich schützen durch Verstärkung seines Bewusstseins, um nicht einen Einfluss von dem Abnormen zu erfahren. Der Abnorme bedeutet immer, solange er nicht erkannt ist, eine gewisse Gefahr für seine Mitmenschen, weil sie sich zu stark von ihm beeinflussen lassen, weil sie ihn zu leicht für etwas Besonderes halten. Gerade da, wo der Spiegel des Bewusstseins etwas durchlöchert ist, wo das Bewusstsein nicht klar sieht, da geht durch das Loch des Bewusstseins ein zu starker Einfluss hinüber auf den anderen Menschen.

Also unser Bewusstsein erwerben wir uns in der gegenwärtigen Entwicklungszeit, um in das richtige Verhältnis von Menschenseele zu Menschenseele im Weltall gesetzt zu werden.

Nun können wir sagen, aus dem, was ich Ihnen in

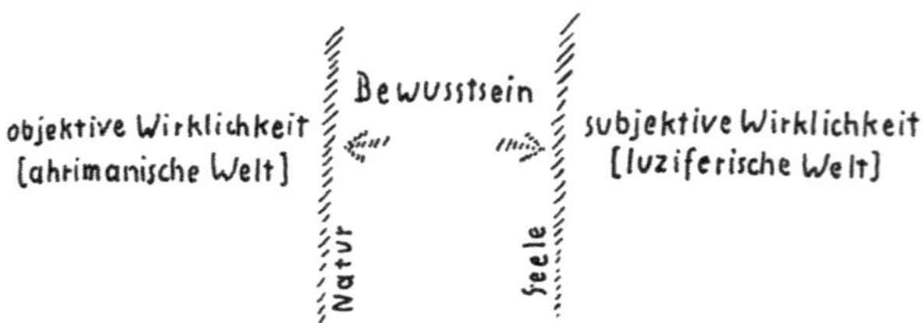

den letzten Tagen erläutert habe, geht das klärlich hervor: Da, jenseits des Schleiers der Natur, liegt die ahrimanische Welt mit all den Wesenheiten, die ich Ihnen geschildert habe; da, jenseits des Schleiers des Seelenlebens, liegt die luziferische Welt mit all den Eigentümlichkeiten, die ich Ihnen geschildert habe. Der Mensch ist also gewissermaßen eingeschlossen zwischen der ahrimanischen und luziferischen Welt. Geht er nur ein wenig über sein Bewusstsein hinaus gegen die Natur zu, dann kann er gar nicht anders, als mit der ahrimanischen Welt Bekanntschaft zu machen. Geht er mit seinem Bewusstsein heraus gegen die Seelenwelt hin, so kann er nicht anders, als mit der luziferischen Welt Bekanntschaft zu machen.

Nun haben wir eine gewisse Zeit hinter uns, in der die Menschen davor geschützt waren, nach der einen oder anderen Seite zu stark vorzustoßen. Aber wir leben jetzt wieder in einer Übergangszeit, wo es gar nicht anders sein kann, als dass die Menschenseelen nach der einen oder anderen Seite vorstoßen. Es geht gar nicht anders, als dass solch ein Vorstoß nach der einen oder anderen Seite geschieht. Das lässt sich nicht anders machen; das muss geschehen. Das fordert wieder die Zeitenentwicklung von den Menschen, denn die Sache ist die folgende.

Wir leben jetzt in der Entwicklung der Bewusstseinsseele, wie Sie wissen, und gehen entgegen der Entwicklung des Geistselbst. Solch eine Entwicklung bereitet sich lange vor. Wenn sich dieses Geistselbst einmal vollständig entwickelt haben wird in der sechsten nachatlantischen Kulturperiode, dann wird das menschliche Seelenleben in vieler Beziehung ein anderes sein als jetzt. Es wird der menschliche Intellekt eine viel objektivere Macht haben, als er sie jetzt hat. Er wird viel objektiver leben. Die Menschen gehen schon diesem viel objektiveren Leben des Intellekts entgegen. Man kann das überall sehen. Ich habe das an verschiedenen Stellen meiner Vorträge immer wieder und wieder charakterisiert. Die Menschen gehen einem Seelenleben entgegen, von dem man sagen kann, dass der Intellekt sich wie eine Art öffentlicher Macht unter den Menschen ausbreitet; wirklich wie eine Art öffentlicher Macht, der sich die Menschen fügen sollen, wie eine Art objektiver, außer den Menschenseelen wirkender Macht.

Wir leben jetzt noch in einer Zeit, in der eine ganze Anzahl von Menschen sich durch eine gewisse starke Ausprägung ihrer Individualität vor dieser objektiven Macht schützen. Aber das wird immer weniger und weniger möglich sein, je mehr wir dem sechsten nachatlantischen Zeitraume entgegengehen. Es wird wirklich eine Zeit kommen, in der Erscheinungen, die jetzt erst im Anfange sind, viel, viel stärker auftreten werden. Jetzt schon kann man, wenn man in der Lage ist, die Welterlebnisse in der richtigen Weise zu taxieren in Bezug auf diesen Punkt, sich einige richtige Urteile bilden. Man kann zum Beispiel jetzt schon beobachten, wie da oder dort dieses oder jenes geschrieben wird. Man weiß ganz genau, dass die Schreiber gewisser Journale eigentlich weit entfernt davon sind, nur das zu sagen, was aus ihrer Seele entspringt. Sie vertreten die Intelligenz gewisser Kreise, die Intelligenz, die so objektiv wuchert und deren Sprachrohr sie nur sind. Es ist außerordentlich bedeutsam, dass man das ins Auge fasst, denn das ist eine Erscheinung, die immer mehr überhandnehmen wird.

Nun aber besteht eine ganz bestimmte Perspektive. Wenn sich die Intelligenz einiger Menschen objektiviert – und sie objektiviert sich schon, seitdem es eine öffentliche Literatur gibt –, dann bekommt Ahriman immer mehr und mehr die Möglichkeit, sich der Intelligenz der Menschen zu bemächtigen. Das ist eine Perspektive, die uns die Geisteswissenschaft vor die Seele stellen muss, denn Ahriman hat immer das intensivste Bestreben, die Menschen um ihren individuellen Verstand zu bringen und ihn sich selbst anzueignen, sodass der menschliche Verstand nach der Meinung Ahrimans in ahrimanische Gewalt übergehen sollte. Ahriman hat eigentlich – wie ich Ihnen das gesagt habe bei seinen Dienern, deren höhere Intelligenzkräfte mit den niederen Menschenkräften eine geheimnisvolle Verbindung haben – immer das Bestreben, den Menschenverstand sich anzueignen und den Menschen nicht darauf kommen zu lassen, was alles sein Verstand kann. [...]

Immer mehr werden die Menschen es nötig haben, auf solche Momente zu achten. Denn gerade solche Momente benutzt Ahriman zu seinem Handwerk, wo der Mensch bei vollem Tagwachen in eine Art von Schwindelzustand kommt, in eine Art von bewusstem Dämmerungszustand, wo er sich nicht recht heimisch fühlt in der physischen Welt, wo er beginnt, sich dem Zirkeltanz des Universums zu überlassen, wo er nicht mehr gehörig als Individualität auf seinen Beinen und

Füßen stehen will. Das sind die Momente, wo man sich hüten muss, denn da bekommt Ahriman leicht Oberwasser in unserer Umgebung.

Wir schützen uns am besten dadurch, wenn wir uns immer mehr und mehr bestreben, ein klares und genaues Denken zu entfalten, so genau wie möglich zu denken, nicht einfach so hinzuhuschen im Denken über die Dinge, wie das heute gerade gesellschaftlicher Usus ist. Nicht hinwegspringen über die Dinge, sondern klar denken. Man sollte sogar noch weiter gehen: Man sollte versuchen, sich immer mehr und mehr zu hüten, gangbare Redensarten und Worte zu gebrauchen. Denn in dem Augenblick, wo man gangbare Worte gebraucht, die man nicht aus dem Gedanken, sondern aus der Sprachgewohnheit heraus hat, wird man, wenn auch nur für einen kurzen Moment, gedankenlos. Und das sind ganz besonders gefährliche Momente, weil man nicht darauf achtet. Man sollte darauf achten, dass man es vermeidet, solche Worte, bei denen man nicht genügend nachdenkt, zu gebrauchen. Eine solche Selbsterziehung sollte derjenige, der es mit den Aufgaben der Zeit ernst nimmt, gerade in solchen Intimitäten in ganz hervorragendem Maße in Angriff nehmen, und Sie werden das dazu Nötige leicht zusammendenken können nach dem, was ich in diesen Tagen zum Ausdruck gebracht habe.

Aber auch Luzifer hat das Bestreben, den Menschen durch seinen Willen dahin zu bringen, dass er nicht aus durchdachten, durchgeistigten Impulsen heraus handelt, sondern aus Impulsen, die dem bloßen Temperament, den bloßen Neigungen entspringen. Da wieder greift Luzifer ein und macht uns zu seiner Beute. Und er wird seine Beute am besten finden, wenn möglichst viele Menschen Neigungs-, Temperamentsimpulse entwickeln, die in den dunklen Untergründen des Seelenlebens wirbeln und wurzeln, die nicht in der individuellen Sphäre sind. Wenn wir Temperamentsimpulse und andere dunkle Neigungen in uns gegenwärtig sein lassen, die uns in Zusammenhang bringen mit Menschengruppen, die also sich dadurch charakterisieren, dass man sich als Angehöriger einer Menschengruppe fühlt, dann kommt man gleich in einen Wirbel hinein, in dem einem das individuelle Willensurteil entrissen wird. Und das darf einem nicht entrissen werden, sonst bekommt Luzifer eine zu große Macht über uns. Wir müssen versuchen, uns objektiv zu machen in dieser Beziehung.

Auch das kann für Luzifer günstige Momente entwickeln, wo das Gemüt gewissermaßen aus der Sphäre des normalen Bewusstseins etwas abirrt. Das sind dann radikale Erscheinungen. Aber die intimeren Erscheinungen sind schon diejenigen, wenn wir uns aus dunklen Zusammengehörigkeitsgefühlen und dergleichen bestimmen lassen. Die auffälligeren, radikaleren Abirrungen des Bewusstseins sind diejenigen, wenn der Wille defekt wird, irgendwie schwach wird, wo der Mensch nicht mehr anders kann, als sich seinem Seelenleben hinzugeben, ich möchte sagen, mit partiellem Ausschluss seines Willens.

Diese besonders radikalen Erscheinungen haben die neueren Ärzte sogar schon auf gewisse Termini gebracht. So sprechen die neueren Ärzte schon von Zwangsvorstellungen. Solche Zwangsvorstellungen treten bei den Menschen auf, die ihr Bewusstsein nicht in einer geregelten Form eingerichtet haben, wie es für den physischen Plan sein soll. Wenn nicht das genügende Quantum Wille im Bewusstsein ist, dann treten Vorstellungen auf, die der Mensch nicht aus dem Bewusstsein fortschaffen kann. Zwangsvorstellungen, wie man sie nennt, treten auf. Sagen wir zum Beispiel – ich will ein Beispiel anführen, das in Kliniken beobachtet worden ist –, ein Mensch hat einmal gesehen, wie ein mit Gesichtskarzinom behafteter Mensch in ein Haus gegangen ist. Er hat die Geschwulst im Gesicht gesehen und ist ein schwacher Mensch in Bezug auf den Willen; seine Willensimpulse sind nicht stark genug. Seitdem er nun diesen Menschen mit dem Gesichtskrebs gesehen hat, glaubt er, dass überall Krebskeime vorhanden sind, und er kann nicht anders, als überall, wo er hinkommt, Krebskeime zu vermuten, das heißt, er hat nicht genug starken Willen, um diese Vorstellung, die dazumal erregt worden ist, ins Unterbewusstsein hinunterzudrücken. Das ist ein besonderer Fall von Zwangsvorstellung. Aber so etwas tritt in großer Mannigfaltigkeit bei Menschen auf, die in der Willenssphäre nicht genügend entwickelt sind. Da bekommt Luzifer dann leicht über sie Gewalt. Eine andere Abirrung des Bewusstseins haben die neueren Ärzte die Berührungsfurcht genannt, die sich dadurch ausdrückt, dass Menschen, deren Willenssphäre zu wenig stark entwickelt ist, vor jeder Berührung mit anderen Menschen oder Gegenständen zurückschrecken, also nicht berührt sein wollen von anderen Menschen oder Gegenständen. Die Berührungsfurcht ist ein ganz bestimmter Terminus der neueren Psychiatrie. [...]

Wir müssen also streng darauf achten, dass wir das konkreteste Bewusstsein haben, weil nur das ein gutes, richtiges Bewusstsein für unser Erdenleben jetzt ist. Wenn Sie alles das zusammennehmen, was Sie verfolgen können aus meiner «Geheimwissenschaft im Umriss», aus den acht Meditationen «Ein Weg zur Selbsterkenntnis des Menschen», aus dem Buche «Die

Schwelle der geistigen Welt», aus dem Buche «Wie erlangt man Erkenntnisse der höheren Welten?» und aus manchen Vortragszyklen, dann werden Sie sehen, dass da Wege angegeben werden, um in die entsprechenden Gebiete schon hineinzukommen. Die Wege werden so angegeben, damit die Menschen in der richtigen Weise, gut vorbereitet, hinter die Natur und hinter die Seele kommen. Da werden die Wege beschrieben, durch die man in der richtigen Weise hinter die Kulissen des Daseins kommen kann. Aber die Tendenz, das subjektive Streben sehr vieler Leute geht eigentlich nicht darauf aus, dahin zu gelangen, wohin man gelangen wollen sollte, wenn ich so sagen darf, wenn man das in diesen Schriften Angedeutete treulich befolgt. Denn in diesen Schriften wird klärlich angedeutet, dass man eigentlich aus der normalen Bewusstseinsform herausgehen soll, wenn man in die andere Welt hineingehen will, dass man aus diesen normalen Bewusstseinsformen heraus und zu einer anderen Bewusstseinsform kommen muss.

Das ist wichtig zu wissen. Denn es besteht eine Tendenz bei den meisten Menschen, auch bei sehr vielen unserer Freunde, nur nicht aus dieser Bewusstseinsform hinauszugehen, sondern darinnen zu bleiben und dennoch die geistige Welt in das gewöhnliche Bewusstsein hereinzubringen: also nicht das Ich hinauszutragen, sondern in das Ich hineinzutragen die geistige Welt. In das gewöhnliche Bewusstsein soll man das Wissen von der geistigen Welt, nicht diese selbst hereintragen wollen. Wenn Sie nun treulich befolgen, was in den angedeuteten Schriften enthalten ist, so geht das so vor sich, dass Sie in Zustände versetzt werden, durch die Sie die geistige Welt erleben und durch die Sie Erlebnisse aus dieser geistigen Welt in das Normalbewusstsein hereinnehmen können. Und dann erleben Sie nicht, während Sie in einem anderen Bewusstsein sind, dasjenige, worum es sich handelt, in Ihrem Normalbewusstsein, sondern Sie erleben es da vielleicht zu einer ganz anderen Zeit. Aber viele wollen das nicht; sie wollen das, um was es sich handelt, einfach im normalen Bewusstsein erleben. Es soll aber aus einem anderen Bewusstsein in das normale treten.

Mit dieser Beschreibung und der dazugehörigen Zeichnung haben wir auch eine Grundlage für das Verständnis der Polaritäten der Ängste, die sich besonders an den aufgezeigten Bewusstseinsgrenzen bilden, und der dahinter wirksamen Kräfte des Ahrimanischen und Luziferischen.

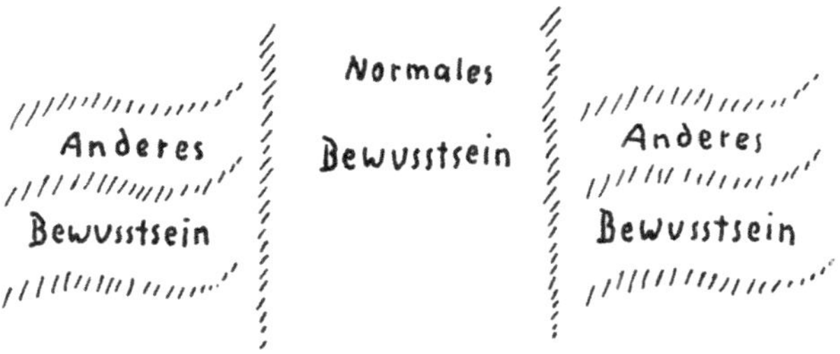

II. DER SCHWELLENÜBERGANG IN DER ENTWICKLUNG DER MENSCHHEIT UND DES EINZELNEN MENSCHEN

Um die Grundlagen von Phänomenen wie Nervosität oder Ängsten aufzufinden, muss man, wie oben gezeigt wurde, weiter zurückgehen in der Entwicklung des Menschen. Das Hineinspielen seelischer Prozesse ins Physische und die daraus entstehenden Erkrankungen müssen laut Rudolf Steiner als Folgen der Veränderungen im Zusammenwirken der «Wesensglieder» physischer Leib, Ätherleib, Astralleib und Ich angesehen werden. Diese Veränderungen haben sich im atlantischen Zeitraum abgespielt und kehren sich nun in den jüngsten Zeiten wieder um. Heute betrifft dies insbesondere die Lockerung des ätherischen vom physischen Leib. Rudolf Steiner sieht darin die Grundlage dafür, dass jene Krankheiten auftreten, «die als halb seelische, halb körperliche Krankheiten – die nervösen Erkrankungen unserer Zeit – hingestellt werden». Er bezeichnet es sogar als eine Mission der Geisteswissenschaft, diese Zusammenhänge deutlich zu machen. Auch die Änderungen der Heilungsmöglichkeiten hängen damit maßgeblich zusammen. Im achten Vortrag des Zyklus über «Das Lukas-Evangelium» (GA 114) wird dieser Zusammenhang ausführlich behandelt.

Nun macht man sich von der Menschheitsentwicklung eine ganz falsche Vorstellung, wenn man glaubt, dass der Mensch während dieses Zeitraumes der nachatlantischen Entwicklung immer so beschaffen war, wie er heute ist. Er hat sich immer wieder verändert; gewaltige

Veränderungen gingen mit der Menschennatur vor sich. Die äußeren geschichtlichen Dokumente berichten ja nur von wenigen Jahrtausenden. Einzig und allein jene für die äußere Forschung unzugängliche Urkunde, die wir die Akasha-Chronik nennen und die wir auch bei diesem Zyklus ein wenig charakterisiert haben, gibt uns Aufschluss über die Entwicklung seit der atlantischen Katastrophe. – Da finden wir, dass sich nach der atlantischen Katastrophe zunächst die altindische Kultur entwickelt hat, in welcher die Menschen mehr noch in ihrem Ätherleibe lebten und noch nicht so stark in ihrem physischen Leibe, wie das später der Fall war. Der weitaus größte Teil der indischen Bevölkerung war, ohne dass er freilich das heutige Ich-Bewusstsein entwickelt hatte, hellsichtig, dumpf-dämmerhaft hellsichtig. Sein Bewusstsein war ähnlich einem Traumbewusstsein, aber dafür war es ein Bewusstsein, das noch hineinschaute in die Untergründe des Daseins, in die geistige Welt. Nun sind wir gewohnt, bei unseren Vorstellungen hervorzuheben, wie es für den heutigen Menschen notwendig ist zu wissen – weil es ihm vorwärtshelfen kann in die Zukunft hinein –, was mit der Erkenntnis und der Erkenntnisform zusammenhängt. Wir betonen immer, wie diese unsere Vorfahren im alten Indien die Welt erkannt, angeschaut haben, wie sie noch viel hellsehender waren als in späterer Zeit. Wenn wir aber das Lukas-Evangelium verstehen wollen, so müssen wir noch eine andere Eigenschaft dieser unserer Vorfahren hervorheben.

In dieser Zeit, als noch der Ätherleib viel mehr auf allen Seiten über den physischen Leib hinausragte und mit diesem noch nicht so dicht verbunden war, wie das heute der Fall ist, da hatte auch noch alles, was seelische Kräfte und Eigenschaften des Menschen sind, eine größere Gewalt über den physischen Leib. Aber je mehr der Ätherleib in den physischen Leib hineindrang, desto schwächer wurde er und desto weniger Macht hatte er über den physischen Leib. Bei den alten Atlantiern ragte der Kopfteil des Ätherleibes noch stark über den physischen Leib hinaus. In gewissem Maße war das aber auch noch bei den alten Indern der Fall. Das gestattete ihnen, auf der einen Seite das hellsichtige Bewusstsein zu entfalten, aber andererseits auch eine große Macht zu haben über die Vorgänge im physischen Leibe.

Obwohl sie weit auseinanderliegen, können wir einen alten indischen Leib mit einem Leibe unserer Zeit vergleichen. In unserer Zeit ist der Ätherleib am tiefsten hineingestiegen in den physischen Leib, ist am meisten mit den Tatsachen des physischen Leibes verbunden. Wir sind heute hart an der Grenze, wo der Ätherleib wieder heraustritt, sich freimacht von dem physischen Leibe und mehr selbstständig wird; und indem die Menschheit der Zukunft entgegeneilt, wird der Ätherleib immer mehr und mehr herauskommen aus dem physischen Leibe. Heute ist die Menschheit über den tiefsten Punkt, wo die größte Gemeinschaft des Ätherleibes mit dem physischen Leibe vorhanden war, schon etwas hinaus. Wenn wir einen alten indischen Leib mit einem heutigen Leib vergleichen, so können wir sagen: Beim indischen Leib ist der Ätherleib noch verhältnismäßig frei, und die Seele kann Kräfte entfalten, die in den physischen Leib hineinwirken. Der Ätherleib nimmt die Kräfte der Seele auf, weil er noch nicht so an den physischen Leib gebunden ist; dafür aber beherrscht er auch mehr den physischen Leib, und die Folge davon ist, dass die Wirkungen, die in dieser Zeit auf die Seele ausgeübt werden, in ungeheurem Maße auch auf den Leib wirken. Wenn in der indischen Zeit ein Mensch, der einen anderen Menschen hasste, ein hasserfülltes Wort sprach, so stach dieses Wort den anderen – es wirkte bis in das physische Gefüge hinein. Die Seele wirkte noch auf den Ätherleib und der Ätherleib auf den physischen Leib. Diese Kraft ist heute ja dem Ätherleibe genommen worden. Und wenn andererseits ein Wort der Liebe gesprochen wurde, so wirkte das erweiternd, erwärmend, aufschließend auf den anderen Menschen und auch so auf den physischen Leib. Daher war es damals sehr wichtig, ob ein liebes oder ein hasserfülltes Wort gesprochen wurde, denn das wirkte auf alle Vorgänge des Leibes. Diese Wirkung nahm in der Menschheit immer mehr und mehr ab, je mehr der Ätherleib in den physischen Leib hineinstieg. Heute ist das anders. Heute wirkt ein Wort, das wir sprechen, zunächst nur auf die Seele, und recht selten sind die Menschen geworden, welche ein hasserfülltes, ein liebloses Wort so fühlen, als ob es ihnen etwas zusammenschnürte, ein liebeerfülltes Wort dagegen so, wie wenn es sie erweiterte und beseligte. Jene eigenartigen Wirkungen, die wir heute noch in unserem physischen Herzen als die Wirkung eines liebe- oder hasserfüllten Wortes spüren können, sind von einer ungeheuren Intensität gewesen im Aufgange unserer nachatlantischen Entwicklung. Daher konnte man sozusagen mit diesen Einwirkungen auf die Seele etwas ganz anderes anfangen, als man heute damit anfangen kann. Denn heute hängt es ja nicht davon ab, wie ein Wort gesprochen wird. Es kann ein Wort mit noch so warmer Liebe gesprochen sein, wenn es aufstößt auf die heutige Menschenorganisation, so wird es stets mehr oder weniger zurückgeworfen, es dringt nicht hinein, denn das hängt nicht nur davon ab, wie es gesprochen wird, sondern auch davon, wie es aufgenommen werden kann.

Heute ist es also nicht möglich, so unmittelbar auf die Seele des Menschen zu wirken, dass das auch wirklich bis in seine ganze physische Organisation hineindringt. Nicht unmittelbar ist das möglich. In gewisser Weise wird es aber doch möglich sein, denn wir nähern uns ja jener Zukunft, in der das Geistige wiederum seine Bedeutung haben wird. Wir können auch heute schon wieder darauf hinweisen, wie das in der Zukunft sein wird. Wir können in unserem jetzigen Menschheitszyklus heute auf diesem Felde sehr wenig tun, damit das, was in unserer eigenen Seele an Liebe, an Wohlwollen, an Weisheit lebt, sich unmittelbar hinübergießt in die andere Seele und dort diejenige Stärke gewinnt, die bis in den physischen Leib hinein wirkt. Wir müssen uns heute sagen, dass wir eine solche Wirkung nur nach und nach erzeugen können. Aber diese geistige Wirkungsweise beginnt wieder. Und sie beginnt gerade auf dem Boden, wo die geisteswissenschaftliche Weltanschauung gepflanzt wird, denn diese Weltanschauung ist der Anfang der Verstärkung der Seelenwirkungen. Das ist heute nur in wenigen Fällen möglich, dass ein Wort physische Wirkungen erzielt. Aber es ist möglich, dass sich Menschen zusammentun, um eine Summe geistiger Wahrheiten in ihre Seelen aufzunehmen. Diese geistigen Wahrheiten werden sich nach und nach verstärken, werden in den Seelen Gewalt gewinnen und dadurch auch die Kraft, bis in die physische Organisation hinein zu wirken und diese darnach zu formen, wie sie selber sind. So wird in der Zukunft wiederum das Seelisch-Geistige eine große Gewalt gewinnen über das Physische und wird sich dieses Physische als sein Nachbild formen.

In jenen alten Zeiten der indischen Urkultur war zum Beispiel auch das, was man «heilen» nennt, etwas anderes als später, denn das hängt alles mit dem zusammen, was eben gesagt worden ist. Weil man mit dem, was auf die Seele wirkte, eine ungeheure Wirkung auf den Leib erzielen konnte, deshalb konnte man mit dem vom richtigen Willensimpuls durchströmten Wort auf die Seele des anderen Menschen so wirken, dass diese Seele wiederum die Wirkung übertrug auf den Ätherleib und dieser wieder auf den physischen Leib. Hatte man eine Ahnung davon, welche Wirkung man auf die andere Seele ausüben wollte, so konnte man bei erkrankter Organisation die richtige Wirkung in der angedeuteten Weise auf die Seele ausüben und dadurch auf den physischen Leib, was dann die Gesundheit herbeiführte. Nun denken Sie sich dies im höchsten Maße gesteigert, sodass der indische Arzt vorzugsweise jene Seeleneinflüsse und -einwirkungen beherrschte, die dabei infrage kommen, dann müssen Sie sich klar sein, dass alles Heilen in der indischen Zeit ein viel geistigerer Vorgang war, als es heute sein kann – ausdrücklich ist gesagt: als es heute sein kann. Aber wir nähern uns wieder solchen Wirkungsweisen. Was aus kosmischen, aus geistigen Höhen als eine Weltanschauung, als eine Summe von Wahrheiten heruntergeholt wird, welche dem großen geistigen Inhalte der Welt entsprechen, das wird in die Menschenseelen einfließen und das wird, indem die Menschheit der Zukunft entgegenlebt, selbst ein Gesundungsmittel sein aus dem innersten Wesen des Menschen heraus. Geisteswissenschaft ist das große Heilmittel der Seelen im Leben in die Zukunft hinein. Nur müssen wir verstehen, dass die Menschheit auf einem absteigenden Wege der Entwicklung war, dass die geistigen Wirkungen immer mehr und mehr zurückgegangen sind, dass wir im Tiefstande der Entwicklung stehen und dass wir uns nur ganz allmählich hinaufheben können zu den Höhen, auf denen wir einstmals gestanden haben.

Ganz langsam verloren sich jene Wirkungen, die im alten Indien in so eminentem Maße vorhanden waren. Noch eine ähnliche Organisation – sodass von Seele zu Seele gewirkt werden konnte – war zum Beispiel in der altägyptischen Kultur vorhanden. Je weiter wir in der ägyptischen Kultur zurückgehen, desto mehr finden wir, dass eine unmittelbare Wirkung von einer Seele auf die andere da war, die dann übergehen konnte auf die physische Organisation. Viel weniger war sie vorhanden in der alten persischen Zeit. Denn diese hatte eine andere Aufgabe; sie war dazu berufen, den ersten Anstoß zu geben zu dem Hineindringen in die physische Welt. In Bezug auf diejenigen Eigenschaften, welche ich jetzt charakterisiert habe, steht das Ägyptertum dem Indertum viel näher als der persischen Kultur. Im Persertum beginnt die Seele bereits, sich sozusagen immer mehr in sich zu verschließen, immer weniger Gewalt über die äußere Organisation zu haben, weil sie das Selbstbewusstsein immer mehr und mehr in sich ausbilden sollte. Deshalb musste mit jener Richtung, die sich die Herrschaft des Geistigen über das Physische bewahrt hatte, eine andere Kulturströmung zusammenströmen, die vorzugsweise auf die innerliche Vertiefung, auf die Erzeugung des Selbstbewusstseins angelegt war; und eine Art von Ausgleich finden diese beiden Strömungen in dem, was wir die griechisch-lateinische Kultur nennen. Das ist die vierte nachatlantische Kulturperiode. Da ist die Menschheit bereits so weit in die physische Welt herabgestiegen, dass jetzt eine Art Gleichgewicht zwischen dem Physischen und dem Seelisch-Geistigen eintritt. Das heißt, in dieser vierten Kulturperiode ist es so, dass der Geist und die Seele etwa so viel Herrschaft über den Leib haben, als der Leib wiederum Herrschaft hat über die Seele. Eine Art Ausgleich zwischen den beiden ist eingetreten: Die Menschheit ist heruntergestiegen bis zum Gleichgewichtszustand.

Nun muss aber die Menschheit erst wieder eine Art Weltenprüfung durchmachen, um wiederum in die geistigen Höhen hinaufsteigen zu können. Daher ist es gekommen, dass die Menschheit seit der griechisch-lateinischen Zeit eigentlich noch tiefer in die physische Materialität heruntergestiegen ist. Alles, was mit dem Körperlichen, mit dem Physischen zu tun hat, ist noch tiefer heruntergestiegen. Der Mensch wurde in der Zeit, in welcher wir leben, in der fünften nachatlantischen Kulturepoche, im Grunde genommen unter die Gleichgewichtslinie heruntergetrieben und konnte sich zunächst nur in seinem Innern erheben, konnte ein Bewusstsein aufnehmen von der geistigen Welt, das einen mehr theoretischen Charakter hatte. Er musste sich innerlich stärken.

So sehen wir in der griechisch-lateinischen Kultur einen verhältnismäßigen Gleichgewichtszustand, während jetzt, in unserer Zeit, das Physische ein Übergewicht erlangt hat und das Geistig-Seelische beherrscht. Wir sehen, dass das Geistig-Seelische in gewisser Beziehung ohnmächtig geworden ist; es kann nur mehr theoretisch aufgenommen werden. Es hat sich das Innere des Menschen durch die Jahrhunderte hindurch darauf beschränken müssen, sich innerlich zu stärken in einer Kräftigung, die nicht in dem offenbaren Bewusstsein sich abspielt. Nach und nach muss es wieder stärker und kräftiger werden, damit darüber auch ein neues Bewusstsein entwickelt werden kann. Und wenn es bei einer gewissen Stärke angelangt sein wird – das wird in der sechsten nachatlantischen Kulturperiode der Fall sein –, dann wird das Geistig-Seelische dadurch, dass der Mensch immer mehr und mehr geistige Nahrung aufgenommen hat, von dieser geistigen Nahrung nicht mehr eine theoretische, sondern eine lebendige Weisheit, eine lebendige Wahrheit haben. Dann wird dieses Geistige so stark sein, dass es nun wiederum – und zwar jetzt von der anderen Seite her – die Herrschaft über den physischen Leib gewinnen wird.

Wie können wir also die Mission der Geisteswissenschaft von diesem Gesichtspunkte aus für die Menschheit eigentlich erklären? Wenn in unserer Zeit die Geisteswissenschaft immer mehr zu etwas wird, das innerlich lebendig wird in der Seele, das imstande sein wird, nicht nur den Verstand, den Intellekt der Menschen anzuregen, sondern immer mehr und mehr die Seele zu erwärmen, dann wird die Seele so stark werden, dass sie die Herrschaft über das Physische gewinnt. Dazu sind natürlich gewisse Übergänge notwendig; dazu ist mancherlei notwendig, was sich zunächst sogar wie ein Abfallen ausnimmt, wie Schäden. Aber das sind Übergangsformen, die jenem Zukunftszustande weichen werden, wo die Menschen in ihre Ideen das spirituelle Leben aufnehmen werden und wo für die gesamte Menschheit jener Zustand eintreten wird, welcher die Herrschaft des Seelisch-Geistigen über das Physisch-Materielle bedeuten wird. Und ein jeder Mensch, den heute die geisteswissenschaftlichen Weistümer nicht nur interessieren, weil sie seinen Verstand anregen, sondern der entzückt sein kann von den geisteswissenschaftlichen Wahrheiten, der seine innerliche, lebendige Befriedigung daran haben kann, der wird ein Vorläufer derjenigen Menschen sein, die wiederum die rechte Herrschaft der Seele über den Leib gewonnen haben werden.

Das Ziel der zukünftigen Entwicklung ist, wie der folgende Textauszug aus demselben Vortrag deutlich macht, dass die Menschen wieder eine größere Herrschaft ausüben können auf den physischen Leib, was nur durch die Lockerung des ätherischen Leibes möglich wird. Erst dann ist ein neuerlicher stärkerer Anschluss an das Geistige möglich, auch wenn sich dies zunächst in Krisen und Krankheiten offenbart.

Denn ist es ein Beweis gegen die Wirksamkeit der spirituellen Weisheit, wenn sie heute bei soundso vielen Menschen nicht schon physisch wirkt? Im Gegenteil, man könnte sagen, es ist ein Beweis für die Gesundheit der spirituellen Weisheit, dass sie jene mächtigen physischen Leiber, auf die sie trifft, oftmals im negativen Sinne berührt, wie zum Beispiel ein Stadtkind mit einer schwachen physischen Gesundheit, das von frühester Kindheit auf nur Stadtluft eingesogen hat und sich in einer gewissen Weise dadurch geschwächt hat, nicht gesund zu werden braucht, wenn es in die scharfe, gesunde Bergesluft hinauskommt, sondern vielleicht gerade recht krank wird. Sowenig das ein Beweis ist gegen das Gesunde der Bergesluft, sowenig ist es ein Beweis gegen die Wirkungsweise der spirituellen Weistümer, wenn sie, eindringend in gewisse menschliche Organisationen, auch vorübergehend Unheil anrichten können. Denn sie dringen an das heran, was seit Jahrhunderten und Jahrtausenden in den Menschenkörpern vererbt ist; sie treffen ja nicht etwas anderes als das, was zu ihnen nicht passt.

In der äußeren Welt können wir noch nicht in dieser Beziehung die Beweisgründe suchen; wir müssen in diese Weistümer eindringen und uns die starke Überzeugung für sie verschaffen. Wie viele Indizienbeweise auch in der Außenwelt sein können, wir müssen in das Innere einzudringen die Möglichkeit haben, müssen in uns selbst die Überzeugung ausbilden und uns sagen: Wenn diese anthroposophischen Weistümer heute da oder dort zu angreifend sind, so ist das deshalb, weil sie an ungesunde Verhältnisse der Menschen geraten sind. Deshalb ist die spirituelle Weisheit doch gesund, aber nicht immer die Menschen. Deshalb ist es auch begreiflich, dass nicht alles heute enthüllt wird, was an spiritueller Weisheit an die Menschen im Laufe der Zeit herankommen kann. Es wird schon dafür gesorgt, dass der Schaden nicht zu groß wird; man schickt nicht die Stadtkinder hinaus in für sie zehrende Bergesluft. Daher aber kann nur von Zeit zu Zeit dasjenige mitgeteilt werden, was im Durchschnitt die Menschen vertragen können. Wenn das, was zum Beispiel noch an tieferen Weistümern vorhanden ist, ganz enthüllt würde, dann würde es so sein, dass Menschen mit gewissen Organisationen darunter zusammenbrechen würden wie die physisch gestörte Gesundheit in der Bergesluft. Nach und nach nur können die großen Weistümer der Menschheit enthüllt werden; aber es wird geschehen, und es wird zu einem umfassenden Gesunden der Menschheit werden.

Das alles liegt hinter dem, was wir zusammenfassen in dem Begriffe der geisteswissenschaftlichen Bewegung. Langsam müssen sich die Menschen das wiedererobern, was sie verlieren mussten: die Herrschaft des Geistig-Seelischen über das Materielle. Langsam ist es verloren gegangen, von der Entwicklung der indischen Kultur an bis in die griechisch-lateinische Zeit hinein. Es waren in der griechisch-lateinischen Zeit immer noch Menschen da, die als Erbstück aus alten Zeiten jenes Herausgehobensein des Ätherleibes hatten, die in ihrer ganzen Organisation zugänglich waren für seelisch-geistige Wirkungen. Deshalb musste in dieser Zeit gerade der Christus Jesus erscheinen. Wäre er in unserer Zeit erschienen, so hätte er nicht wirken können, wie er damals gewirkt hat, und nicht das große Vorbild hinstellen können wie damals. In unserer Zeit würde er auf Menschenorganisationen auftreffen, die viel tiefer hineingestiegen sind in die physische Materie. Er selber müsste heute in eine physische Organisation hineinsteigen, in der jene mächtige Wirkung vom Seelisch-Geistigen auf die physische Organisation nicht mehr möglich sein könnte wie damals.

In der Zeit seines Erdenwirkens konnte Christus mit seiner seelisch-geistigen Wirkung noch direkt die Physis des Menschen heilend beeinflussen, was besonders in den vielen Heilungsgeschichten des Lukas-Evangeliums zum Ausdruck kommt. Heute ist dies nicht mehr möglich, und die Einflüsse der Außenwelt auf die Seele der Menschen bewirken vermehrt ein Unharmonisches. So heißt es in den für unsere Betrachtungen zentralen Sätzen des Vortrags: «Weil die heutigen Menschen das Unharmonische der Außenwelt in ihren Wahrnehmungen und in ihrem Denken in sich aufgenommen haben, können sich natürlich solche Dinge nur äußern in Erscheinungen wie Hysterie und Ähnlichem. Das hängt aber zusammen mit der Eigenart der geistigen Entwicklung, der wir entgegengehen: dem Herauslösen des Ätherleibes.»

Als Schulungsweg auf dieser Entwicklung wurde einst der «Erkenntnisweg des Buddha» gegeben, den sich die Menschheit als Ganzes erst noch aneignen muss. Dadurch werden Fähigkeiten ausgebildet, die in der sechzehnblättrigen Lotusblume ihren Ursprung haben und heute als die «Qualitäten der Achtsamkeit» angesprochen werden. Dies setzt aber voraus, dass dieser Pfad nicht nur «studiert», sondern wirklich praktiziert wird.

Und wie der Menschheit einst dieser Erkenntnisweg des Buddha gegeben wurde, der aufgenommen werden muss, so muss in der heutigen Zeit auch die Wirkung des Christus auf neue Art in die leiblich-seelische Entwicklung aufgenommen werden, um ein stärkeres Selbst- und Ich-Bewusstsein zu entwickeln.

Nach und nach also ist der Menschheit die Herrschaft des Geistig-Seelischen über das Physische hingeschwunden, bis in den vierten Kulturzeitraum hinein, in welchem der Christus erschien und in welchem noch genügend Menschen vorhanden waren, an denen man sehen konnte, wie das Geistige auf das Physische wirkt. Da musste der Christus erscheinen. Wäre er später erschienen, so hätten alle die Dinge nicht gezeigt werden können, die damals gezeigt worden sind. Es musste eine solche große Erscheinung in die Welt, aber gerade zur rechten Zeit, hineintreten.

Was bedeutet denn das Hineintreten des Christus in die Welt? Dass der Mensch, indem er den Christus richtig versteht, sich nun voll seines Selbstbewusstseins bedienen lernt, dass er sein ganzes Ich-Bewusstsein damit durchdringen lernt, dass sein Ich ganz und gar Herrschaft gewinnt über alles, was in ihm ist, das bedeutet das Hineintreten des Christus in die Welt. Dieses Ich, dieses seiner selbst bewusste Ich wird es sein, das sich wieder alles zurückerobert, was der Menschheit verloren gegangen ist durch die Zeiträume hindurch. Aber genau ebenso, wie der achtgliedrige Pfad durch den Buddha zuerst hingestellt werden musste, so musste zuerst einmal vor Ablauf der alten Zeiten die Herrschaft dieses Ich-Prinzips über alles, was in der Welt an Vorgängen der äußeren Leiblichkeit vorhanden sein kann, sichtbarlich hingestellt werden. In unserer Zeit würde es nicht mehr möglich sein, dass, indem das Christus-Prinzip in die Welt hereinträte, auf die Umgebung jene gewaltigen Heilwirkungen ausgehen könnten, die in der damaligen Zeit ausgegangen sind. Dazu war jene Zeit notwendig, in der es noch Menschen gab, die so weit ihre Ätherleiber herausragen hatten, dass sie durch das bloße Wort, durch die bloßen Berührungen so gewaltige Wirkungen empfangen konnten, von denen heute höchstens schwache Nachklänge vorhanden sein können. Und die Menschheit fing an, das Ich zu entwickeln, damit sie zuerst den Christus verstehen kann, um, davon ausgehend, wieder zurückzugewinnen, was sie einst verloren hat. An den letzten Exemplaren der Menschheit aus der Vorzeit musste gezeigt werden, wie das Ich, das jetzt voll in einem Menschen vorhanden war, in dem Christus Jesus, so, wie es am Ende der Erdenzeit einst in den übrigen Menschen sein wird, auf allen Gebieten mächtig auf die Menschen der damaligen Zeit wirkte. Das stellt der Schreiber des Lukas-Evangeliums dar, um uns zu zeigen: Jetzt trägt der Christus in die Welt hinein ein Ich, das den menschlichen physischen Leib, den Ätherleib und Astralleib in der Art durchdringt, dass es Wirkungen ausüben kann, welche die ganze Organisation der Leiblichkeit beeinflussen können, sie auch gesundend beeinflussen können. Hingestellt musste diese Tatsache werden, um zu zeigen: Wenn die Menschen alles, was als Kraft von dem Christus-Ich ausgehen kann, in der Zukunft, in Jahrhunderttausenden sich angeeignet haben werden, dann werden von den Menschen-Ichen Wirkungen ausgehen können, wie sie damals von dem Christus in die Menschheit hineingestrahlt sind. Das musste gezeigt werden auf allen Gebieten; das konnte aber nur gezeigt werden für die damalige Menschheit.

Es wurde gezeigt, dass es Krankheiten gibt, welche im astralischen Leibe des Menschen ihren Ursprung haben. Wie sie sich äußern, das hängt zusammen mit der Wesenheit des ganzen Menschen. Wenn heute der Mensch schlechte moralische Eigenschaften hat, so sind diese vielleicht nur darauf beschränkt, dass sie schlechte Eigenschaften seiner Seele sind. Weil die Seele heute nicht jene Herrschaft über den Leib hat, die sie zur Zeit des Christus Jesus hatte, so wird nicht leicht jede Sünde auch zu einer äußeren Krankheit. Nach und nach nähern wir uns schon jenem Zustande wieder, wo der Ätherleib wieder herausrückt. Daher beginnt für die Menschheit eine Epoche, wo gar sehr darauf geachtet werden muss, dass die seelischen Untugenden in moralischer und intellektueller Beziehung sich nicht als Krankheiten physisch äußern. Diese Zeit fängt jetzt schon an. Und viele von jenen Krankheiten, die als halb seelische, halb körperliche Krankheiten – die nervösen Erkrankungen unserer Zeit – hingestellt werden, bezeichnen den Anfang dieser Epoche. Weil die heutigen Menschen das Unharmonische der Außenwelt in ihren Wahrnehmungen und in ihrem Denken in sich aufgenommen haben, können sich natürlich solche Dinge nur äußern in Erscheinungen wie Hysterie und Ähnlichem. Das hängt aber zusammen mit der Eigenart der geistigen Entwicklung, der wir entgegengehen: dem Herauslösen des Ätherleibes.

Der Vortrag schließt mit einer Zukunftsvision der heilenden Wirkung der Ich-Christus-Kraft, die auch die Überwindung der Nervosität einschließt:

So werden wir in anschaulicher Weise darauf hingewiesen, wie auf alle übrigen Glieder des Menschen die Ich-Wesenheit des Christus wirkte. Das ist das, worauf es ankommt. Und der Schreiber des Lukas-Evangeliums, der insbesondere in diesen Partien auf die Darstellung der Heilwirkungen ausgeht, wollte zeigen, wie die Heilwirkungen des Ich uns darstellen die Entfaltung des Ich auf einem hohen Gipfel der Menschheitsentwicklung, und er zeigt, wie der Christus wirken musste auf den astralischen Leib, auf den Ätherleib und auf den physischen Leib der Menschen. Lukas hat gleichsam das große Ideal der Menschheitsentwicklung hingestellt: Sehet hin auf eure Zukunft; heute ist euer Ich, wie es sich herausentwickelt hat, noch schwach, es hat noch wenig Herrschaft. Aber es wird nach und nach Herr werden über den Astralleib, über den Ätherleib und über den physischen Leib und wird dieselben umgestalten. Vor euch ist das große Ideal des Christus hingestellt, der der Menschheit zeigt, wie die Herrschaft des Ich über den Astralleib, Ätherleib und physischen Leib sein kann.

Das sind solche Wahrheiten, wie sie den Evangelien zugrunde liegen, und die nur diejenigen schreiben konnten, die sich nicht auf äußere Dokumente stützten, sondern auf das Zeugnis derjenigen, die «Selbstseher» und «Diener des Wortes» waren. Nach und nach wird sich die Menschheit erst eine Überzeugung von dem aneignen, was hinter den Evangelien liegt. Dann aber wird sie sich allmählich das, was den religiösen Urkunden zugrunde liegt, in solcher Intensität und Stärke zu eigen machen, dass es wirklich auf alle übrigen Glieder der menschlichen Organisation wirken kann.

Nun gibt es in unserem Zeitraum einen weiteren Entwicklungsprozess, der das Innere der Seele, den Zusammenhang von Denken, Fühlen und Wollen betrifft. Dabei geht es nicht um das Überschreiten der beiden äußeren Grenzen, der Materie- bzw. der seelischen Grenze, sondern um ein Sich-Verselbstständigen der drei Seelenkräfte beim Überschreiten der «Schwelle der geistigen Welt». Dies geschah bis zum 19. Jahrhundert nur individuell in der Geistesschulung, die sich in geheimen Zirkeln oder Gesellschaften abspielte. Zu den Veränderungen der Konstitution des Menschen gehört aber, dass diese Schwelle seither unbewusst übertreten wird. Jedoch muss dieser Vorgang von einem unbewussten in einen bewussten überführt werden, damit es eine gesunde Entwicklung ist. Dazu müssen die Seelenkräfte gestärkt und der Weg in Harmonie angetreten werden, etwa mithilfe des oben angeführten achtgliedrigen Pfades, der hier menschheitlich und nicht religionsspezifisch gedacht ist. Heute hat das Prinzip der Achtsamkeit als eine Stufe des achtgliedrigen Pfades bis weit in die psychotherapeutischen Konzepte hineingewirkt, wobei es häufig ohne seinen spirituellen Hintergrund vermittelt wird.

Bezogen auf das Thema der Ängste klingt in der folgenden Beschreibung des unbewussten Schwellenübergangs noch jenes allgemeine Furchterlebnis an, das vor dem bewussten Übergang steht und auf die zum Überschreiten der Bewusstseinsgrenze in die geistige Welt nötige Kraft hinweist. Diese Furcht manifestiert sich zunächst als eine «Furcht vor wirklich übersinnlichen Erkenntnissen», das heißt, auch als Furcht vor den Ergebnissen der geisteswissenschaftlichen Forschung, die deshalb meist aus vermeintlich naturwissenschaftlicher Perspektive verworfen oder ignoriert werden. Der eigentliche Grund dieser Furcht ist jedoch eine Seelenschwäche, ein Zurückscheuen vor den Kraftanstrengungen der notwendigen seelischen Übungen.

Für den einzelnen Menschen geht das instinktive, das mehr naive Erleben der Seele immer mehr und mehr in ein bewusstes Erleben der Seele über; für die ganze Menschheit aber vollzieht sich unbewusst ein Wichtiges, ohne dass der Einzelne oftmals auf dieses Wichtige hinschaut, wenn er nicht gerade geisteswissenschaftliche Vertiefung anstrebt.

Und dieses Wichtige, dieses Wesentlichste, es ist gar nicht so leicht zu beschreiben. Denn unsere Sprache ist ja im Grunde genommen gemacht für die seelische Wiedergabe der äußeren sinnlichen Wirklichkeit. Diese Sprache macht es uns schwer, ganz präzise, namentlich hinreichend zu schildern, was nicht der sinnlichen Wirklichkeit angehört, was dem übersinnlichen Dasein angehört. Man muss sich da oftmals helfen durch Vergleiche, aber nicht durch abstrakte Vergleiche, sondern durch solche Vergleiche, wie Sie sie gut aus der Geisteswissenschaft her kennen, die immer eine Lebenserscheinung mit der anderen zusammenstellt, damit die eine Lebenserscheinung die andere erörtere. Wenn dann solche Vergleiche gebildet werden, dann muss man sich klar sein, dass nur ein bewegliches Denken, ein Denken, das die Begriffe, die Worte nicht presst, auf den genauen Sinn des Darzustellenden wirklich kommt. Ich muss nämlich vergleichen, wenn ich das Wichtigste, was in der gesamten Menschheit in der weltgeschichtlichen

Gegenwart vor sich geht, charakterisieren will [...], ich muss vergleichen die heutigen Untergründe der geschichtlichen Vorgänge mit der Erfahrung, welche der einzelne Mensch nur dann bewusst durchmachen kann, wenn er, wie man sagt, die Schwelle in die übersinnliche Welt überschreitet. Sie wissen ja alle aus der Darstellung, die ich über dieses individuelle Erlebnis des Menschen gegeben habe in meinem Buche «Wie erlangt man Erkenntnisse der höheren Welten?», dass es ein tief in die Menschenwesenheit eingreifendes Ereignis ist, wenn der Mensch jene Schwelle überschreitet, diesseits welcher für das Bewusstsein des Menschen die sinnliche Welt und jenseits welcher die übersinnliche Welt ist. Es wird ja wahrhaftig alles jenseits dieser Schwelle zur übersinnlichen Welt anders, als hier in der sinnlichen Welt die Dinge liegen. Und der Mensch macht da etwas durch [...], was von denjenigen, die es namentlich im Stile älterer Zeitalter durchgemacht haben, mit dem bedeutungsvollen Worte «das Überschreiten der Pforte des Todes» bezeichnet worden ist. Den Tod in seiner Wesenheit muss eben derjenige kennenlernen, der diese Schwelle wirklich überschreiten will. Den Tod in seiner Bedeutung für das gesamte Leben des Menschen muss er erkennen.

Nun wissen Sie aus der Darstellung, die ich diesem Ereignis der Überschreitung der Schwelle in die übersinnliche Welt in «Wie erlangt man Erkenntnisse der höheren Welten?» gegeben habe, dass bei diesem Überschreiten die ganze seelische Wesenheit des Menschen eine Umänderung erfährt, allerdings natürlich nur für diejenigen Zeiten, in denen man da bewusst in der übersinnlichen Welt verweilt. Mit der Seelenverfassung, die man hier in der sinnlichen Welt hat, die für das Leben, für das Wirken, für das Handeln in dieser sinnlichen

Welt angemessen ist, mit dieser Seelenverfassung lässt sich gar nicht hineinkommen in die übersinnliche Welt. Hier in der sinnlichen Welt sind die Seelenkräfte Denken, Fühlen und Wollen in einem unzertrennlichen Zusammenhang, sodass wir in unserem Sinnesleben gar nicht dazu kommen, diese Seelenkräfte getrennt zu empfinden, zu erleben. Jemand, der nicht zugleich in der Seele ein gewisses Maß von Wollen, wenn auch in innerem latentem Zustande, entwickeln würde, während er denkt, der wäre seelisch eigentlich nicht gesund. Wir sind gar nicht in unserem sinnlichen Leben imstande, diese drei Seelenkräfte voneinander zu trennen, sodass wir mit der Seele eigentlich niemals ein reines, bloßes Denken entwickeln, nie ein bloßes reines Fühlen, nie ein bloßes reines Wollen. Immer sind in unserem Vorstellen Empfinden, Handeln und Wollen, diese drei Seelenkräfte doch miteinander vermischt, miteinander vermengt. Überschreiten wir die Pforte in die übersinnliche Welt, das heißt, bringen wir unsere Seele dahin, dass wir wirklich, so wie wir sonst hier in der Welt von Sinnesdingen, von Sinnesgeschehnissen umgeben sind, jetzt umgeben sind von übersinnlichen Wesenheiten, von übersinnlichen Taten dieser Wesenheiten, dann muss in unserer Seele eine reinliche Trennung eintreten zwischen Denken, Fühlen und Wollen. Der Mensch muss dann, wie Sie ja aus den Darstellungen in «Wie erlangt man Erkenntnisse der höheren Welten?» entnehmen können, so geschult sein, dass er die innere Kraft entwickeln kann, mit seinem Ich diese drei Elemente des Seelenlebens zusammenzuhalten: Denken, Fühlen und Wollen; sonst würde er sich zerspalten in drei Persönlichkeiten.

Ja, das ist das bedeutsame innere Aktivitätserlebnis, das wir haben müssen nach dem Überschreiten der

Schwelle: dieses Sich-Hineinfinden in höchste Aktivität des Ich, in höchste Betätigung des Ich, um die getrennten Seelenkräfte, Denken, Fühlen und Wollen, zusammenzuhalten. Das ist auch zunächst die Furcht, die der heutige schwachmütige Mensch hat: die Furcht vor wirklich übersinnlichen Erkenntnissen, diese Furcht vor innerer Seelenbetätigung höchsten Stiles. Der Mensch möchte heute eigentlich alle seine Betätigung so verlaufen lassen, dass sie von der Außenwelt hervorgerufen wird und in der Außenwelt erfolgt. Innere Aktivität liegt dem heutigen Menschen noch nicht, muss sich aber gerade für den heutigen Menschen immer mehr und mehr gegen die Zukunft hin entwickeln. Aber weil diese Entwicklung erst eine Aufgabe ist, nicht eigentlich schon vorhanden ist, deshalb hat der Mensch die Scheu, die Furcht, in die übersinnliche Welt einzutreten. Unbewusst fürchtet er sich – wenn ich diesen Ausdruck formulieren darf – vor dieser Kraftanstrengung, die drei Seelenfähigkeiten, die sich da trennen, zusammenzuhalten. Ich schildere dieses innere individuelle Erlebnis hier, um Ihnen charakterisieren zu können – sonst würde man es gar nicht charakterisieren können –, was im Inneren des seelischen Erlebens [...] der gesamten Menschheit im jetzigen Zeitalter vorgeht. Das, was ich eben geschildert habe als individuelles Erlebnis beim Überschreiten der Schwelle in die übersinnliche Welt, das ist natürlich für den, der diese Schwelle überschreitet, ein vollbewusstes Ereignis, viel bewusster als irgendwelche bewussten Erlebnisse des gewöhnlichen wachen Tagesbewusstseins. Ein gesteigertes Bewusstsein ist es, in dem man die Schwelle überschreitet und in dem man die innere Dreigliederung der menschlichen Seelenwesenheit in der übersinnlichen Welt wahrnimmt.

Etwas Ähnliches, aber jetzt naturgemäß von selbst,

nicht bewusst, macht im heutigen Zeitalter als ein kosmisches geschichtliches Ereignis die ganze Menschheit durch. Man merkt es nicht, wenn man nicht den unbewussten Vorgang, der sich für die ganze Menschheit abspielt, geisteswissenschaftlich bewusst studiert. Sie wissen, unser Zeitalter ist das fünfte nach der großen atlantischen Katastrophe, durch die ja erst die gegenwärtige Konfiguration unserer Erdoberfläche entstanden ist. Die fünfte nachatlantische Periode ist es, in der wir leben, und in dieser Periode muss in ihrer Gesamtentwicklung die Menschheit durchgehen durch etwas Ähnliches, wie es die Schwelle ist für den einzelnen individuellen Menschen beim Hineinschreiten in die übersinnliche Welt. Die Menschheit als Ganzes, sagte ich, in ihrer kosmischen, oder wir können auch sagen meinetwillen terrestrischen Geschichtsentwicklung, sie schreitet über die Schwelle, diesseits welcher, das heißt in der vorhergehenden Zeit, eine ganz andere Art von Weltanschauung, von Erkenntnis für die Gesamtmenschheit notwendig war als jenseits der Schwelle, das heißt nachher.

Das ist es, was im Unbewussten der ganzen Menschheit sich heute abspielt, was man bloßlegen muss durch die Geisteswissenschaft, was aber auch beweist, wie notwendig dieser heutigen Menschheit die Geisteswissenschaft ist. Denn dieses Überschreiten der Schwelle darf eigentlich nicht im Unbewussten bleiben. Dieses Überschreiten der Schwelle muss den Menschen bekannt werden, sonst verschlafen oder mindestens verträumen die Menschen dasjenige, was eigentlich als wichtigstes Ereignis mit ihnen vorgeht. Und wir sollen ja gerade in dieser fünften nachatlantischen Epoche das Bewusstsein ausbilden. Wir können mit Bezug auf das Wichtigste, was mit der Menschheit vorgeht, nicht das Bewusstsein anders ausbilden als durch Aufsteigen von der bloßen Sinneswissenschaft zur Geisteswissenschaft.

Die Menschheit als Ganzes stand im 19. Jahrhundert an einem Schwellenübergang, am Beginn einer Epoche, die Rudolf Steiner als «Kampf Michaels mit dem Drachen» oder den Sturz der Geister der Finsternis schildert. Dabei steht sie – wenngleich zunächst unbewusst – vor dem nämlichen Abgrund, der bei der individuellen Überschreitung der Schwelle zur geistigen Welt in der Selbstentwicklung der Geistesschulung erlebt wird, muss diesen aber, wenn die Entwicklung heilsam weitergehen soll, bewusst durchleben: «Da aber, indem die Menschen über diesen Abgrund schritten, schritten sie eben eigentlich über eine Schwelle. Und an dieser Schwelle steht ein Hüter. Und die Menschheit konnte ihn zunächst nicht gleichzeitig beobachten, indem sie zwischen dem Jahre 1842 und 1879 an ihm vorbeigegangen ist. Aber sie muss zu ihrem Heil nunmehr zurückschauen und den Hüter beachten. Denn das Nichtbeachten und das Weiterhineinleben in die folgenden Jahrhunderte, ohne ihn zu beachten, würde eben zum alleräußersten Unheile der Menschheit führen.»

Im letzten Vortragskurs, den Rudolf Steiner vor den Priestern der Christengemeinschaft, wie er betonte: als «Privatmann», hielt, weil er keine neue Konfession begründen wollte, in dem sogenannten Apokalypse-Kurs (GA 346), wird die Schilderung dieses unbewussten Schwellenübergangs der Menschheit nochmals aufgegriffen und mit einer apokalyptischen Vision, die schon beim Evangelisten Johannes zu finden ist, verbunden. Dabei entwickelt Steiner ein imaginatives Bild von Sonne,

Wolken und Regenbogen, wie er es bereits 1907 beim Münchner Kongress der Theosophischen Gesellschaft skizziert hatte. Die seelischen Phänomene, die er dabei erwähnt, sind eindrucksvoll: «Es gibt in der Gegenwart viele Menschen, die eigentlich dieses Gefühl sehr stark haben, ihre Gedanken fliegen ihnen davon, ihre Füße werden von der Erde übermäßig angezogen», und stehen dem Thema der Ängste sehr nahe. Auch die weitere Bemerkung klingt ausgesprochen aktuell: «Nur wird so etwas durch unsere heutige Zivilisation dem Menschen ebenso ausgeredet, wie es den Kindern ausgeredet wird, wenn sie irgendwelche Visionen haben, die auf realer Grundlage beruhen.»

Der später in diesen Vorträgen dargestellte Zusammenhang, dass die beschriebenen seelischen Phänomene als «das Wesen der Sorge» angesehen werden können und transgenerational begründet sind, wird hier in der Erwähnung der Eltern- und Kindergeneration bereits angedeutet.

Dasjenige, was für den einzelnen Menschen das Vorbeigehen an dem Hüter der Schwelle ist, das muss der Mensch im Bewusstseinsseelenzeitalter sich aneignen, wenn er es haben will. Die Menschheit aber geht, für den Einzelnen unbewusst für unser Zeitalter, an dem Hüter der Schwelle vorbei. Die ganze Menschheit macht das durch, was der Übergang über die Schwelle ist. Während die physische Leiblichkeit bis zum Ende des 18. Jahrhunderts herauf noch immer durch die ihr innewohnenden elementarischen Wesen dem Menschen etwas gegeben hat auf Erden, muss der Mensch in der Zukunft alles das, was er produktiv innerlich finden wird, auch seine Tugenden, aus der geistigen Welt herausholen, nicht als einzelner Mensch, sondern als Menschheit. Sodass ein Schwellendurchgang vorliegt in der Entwicklung der ganzen Menschheit, der, weil er auch der Zeit nach davor liegt, dem Apokalyptiker erscheint, bevor ihm die Vision sich vor Augen stellt von dem sonnenbekleideten Weibe, das den Drachen unter ihren Füßen hat. Da hat er die andere Vision, jene Vision, welche deutlich wiedergibt, dass der Apokalyptiker sagen will: Die Zeit kommt, wo die ganze Menschheit in ihrem zivilisierten Teile über die Schwelle zu treten hat, wo eine Dreiheit erscheint als die kosmische Imagination desjenigen, was die Menschheit durchmacht. Immer mehr Menschen wird es geben, die neben dem Gefühl, das der Mensch entwickeln kann, wenn das Gesunde an das Pathologische angrenzt, die andere Empfindung haben werden: Meine Gedanken wollen mir davonlaufen, meine Füße werden durch die Erdenschwere nach unten gezogen. – Es gibt in der Gegenwart viele Menschen, die eigentlich dieses Gefühl sehr stark haben, ihre Gedanken fliegen ihnen davon, ihre Füße werden von der Erde übermäßig angezogen. Nur wird so etwas durch unsere heutige Zivilisation dem Menschen ebenso ausgeredet, wie es den Kindern ausgeredet wird, wenn sie irgendwelche Visionen haben, die auf realer Grundlage beruhen.

Dasjenige aber, was in unserer Zeit stark lebt, erscheint vor dem hellseherischen Auge des Apokalyptikers als jene Figur, die sich aus Wolken herausbildet, sonnenähnliches Gesicht hat, in einen Regenbogen übergeht und feurige Füße hat, von denen der eine auf dem Meer, der andere auf der Erde steht (Apk. 10,1 u. 2). Man möchte sagen, das ist in der Tat die bedeutsamste Erscheinung, die sich die gegenwärtige Menschenseele vor Augen stellen soll. Denn in dem, was oben wolkengeborenes Antlitz ist, liegen die Gedanken, die dem Geisterlande angehören; in dem, was Regenbogen ist, liegt die Gefühlswelt der Menschenseele, die der Seelenwelt angehört; in den feurigen Füßen, die aus der Kraft der meerüberdeckten Erde heraus ihre Kraft erhielten, liegt das, was im Leibe des Menschen enthalten ist, der mit der physischen Welt zusammengehört.

In den Vorträgen, die Rudolf Steiner zum Thema der Psychoanalyse 1917 in Basel hielt, werden ausführlich die seelisch-pathologischen Konsequenzen des Schwellenübertritts in die geistige Welt erörtert. Dabei bleibt festzuhalten, dass Rudolf Steiner ein genauer Kenner der Psychoanalyse war, deren Entwicklung er verfolgt hatte, seit er in den 1880er-Jahren in Wien als Hauslehrer bei der Familie Specht dem dort als Hausarzt tätigen Josef Breuer begegnet war. Dieser hatte zusammen mit Sigmund Freud das erste Werk der Psychoanalyse, die «Studien über Hysterie» (1895), verfasst. Auch die weitere Entwicklung bis 1917 war Steiner gut bekannt, wobei er in seinen Basler Vorträgen hauptsächlich aus Werken von C. G. Jung zitierte.

In dieser eindrücklichen Vortragsdarstellung ordnet Steiner klar die Phänomene, die von der Psychoanalyse als «nervöse Erkrankungen» konstatiert und behandelt werden, dem «unberechtigten Zusammenfallen», als «Ineinanderpurzeln» der Seelenglieder, einer geschwächten Wirkung des Ich zu. Auf der anderen Seite zeigen sich dabei Pathologien, die heute unter dem Begriff der «Dissoziation», des Auseinandergehens von Denken, Fühlen und Wollen gefasst werden – auch sie grundsätzlich Wirkungen des Schwellenübergangs. Sie werden im Kapitel VIII noch ausführlicher behandelt.

Wenn Sie sich die Schrift vornehmen «Wie erlangt man Erkenntnisse der höheren Welten?», dann finden Sie dort das Geheimnis der Schwelle besprochen. Sie finden dieses Geheimnis der Schwelle so besprochen, dass gezeigt wird, dass nach dem Überschreiten der Schwelle in die geistigen Welten hinein in gewissem Sinne eine Trennung, eine Differenzierung der drei Grundkräfte des Seelenlebens stattfindet: Denken, Fühlen, Wollen. Erinnern Sie sich nur, wie bei der Besprechung des Hüters der Schwelle in der Schrift «Wie erlangt man Erkenntnisse der höheren Welten?» gezeigt ist, wie dasjenige, was im gewöhnlichen Bewusstsein gewissermaßen zusammenwirkt, sodass man es nicht recht trennen kann – Denken, Fühlen, Wollen –, wie das auseinandertritt, jedes selbstständig wird, sodass ich sagen kann, wenn ich diese Sache aufzeichnen würde: Wenn hier (siehe Zeichnung) die Grenze ist zwischen dem gewöhnlichen Bewusstsein und jener Region, in der die Seele lebt als in der geistigen Welt drinnen, so müsste ich Denken, Fühlen und Wollen schematisch so aufzeichnen, dass dies das Gebiet des Wollens wäre (rot), das aber unmittelbar angrenzt an das Gebiet des Fühlens (grün), und wiederum dieses angrenzt an das Gebiet des Denkens unmittelbar (gelb). Hätte ich den Weg zu skizzieren in die geistige Welt hinein nach dem Überschreiten der Schwelle, so müsste ich Folgendes schematisieren, folgende schematische Zeichnung anführen: ich müsste zeigen, wie das Denken auf der einen Seite selbstständig wird (gelb, rechts); das Fühlen selbstständig wird (grün, rechts) und sich trennt von dem Denken; das Wollen selbstständig wird (rot, rechts), was ich hier schematisch zeichne. Sodass sich Denken, Fühlen und Wollen fächerartig auseinandertrennen.

Das finden Sie mit Worten dargestellt in meinem

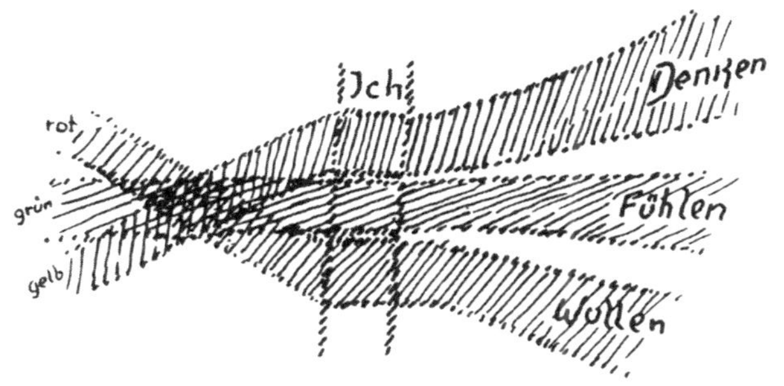

Buche «Wie erlangt man Erkenntnisse der höheren Welten?». Dass nun vor der Schwelle diese drei Tätigkeiten, die da getrennt wirkend aneinandergrenzen, in der richtigen Weise zusammenwirken, nicht in Verwirrung kommen, das ist bewirkt dadurch, dass gewissermaßen die Schwelle eine gewisse Breite hat, in der unser Ich selber lebt. Und wenn das Ich gesund wirkt, wenn das Ich seine volle seelische Gesundheit hat, dann wird durcheinanderwirkend Denken, Fühlen und Wollen so gehalten, dass sie nicht ineinanderpurzeln, aber sich doch gegenseitig so beeinflussen, indem sie aneinandergrenzen – das ist das wesentliche Geheimnis unseres Ich –, dass Denken, Fühlen, Wollen nebeneinandergehalten werden; sodass sie sich gegenseitig beeinflussen in der richtigen Weise, aber nicht das eine in das andere hineinpurzeln kann. Kommen wir über die Schwelle in die geistige Welt, so können sie nicht ineinander hineinpurzeln, weil sie sich sogar trennen.

Solch ein Philosoph, wie zum Beispiel Wundt ist, solche Philosophen reden davon, dass man die Seele nicht dreigliedern soll, weil die Seele eine Einheit ist. Da macht Wundt auch alles konfus durcheinander. Aber die Sache ist doch diese, dass in der geistigen Welt Denken, Fühlen und Wollen in dreifacher Weise urständen; in der Seele wirken sie allerdings zu einer Einheit zusammen. Das ist das, worauf man Rücksicht nehmen muss. Und wenn gesagt wird, was vor kürzerer oder längerer Zeit auch einmal gesagt worden sein soll, die Anthroposophie unterscheide eigentlich drei Seelen und es gäbe doch nur eine Seele, daran sehe man schon, dass Anthroposophie keine Begründung habe – so muss man dagegen einwenden: Es stört auch nicht die Einheit des Menschen, dass er zwei Hände hat, selbstverständlich.

Nun aber haben wir hier (siehe Zeichnung, Mitte und rechte Seite) das Verhältnis der Seelenkräfte, die im Ich wirken, mit dem Ich zusammen und ihre Wirkungsweise jenseits der Schwelle des Bewusstseins hinein in die geistige Welt. Aber es kann der andere Fall eintreten. Der kann dadurch eintreten, dass das Ich durch irgendetwas geschwächt wird. Dann wird gewissermaßen die Schwelle nach der umgekehrten Seite überschritten, dann schwenkt das Denken ab (siehe Zeichnung, gelb, links) und vermischt sich mit dem Fühlen (grün, links) und vermischt sich mit dem Wollen (rot, links) und Sie haben im Seelischen durcheinander Denken, Fühlen und Wollen; die purzeln ineinander. Das aber tritt dann ein, wenn, sagen wir, das Denken irgendwie der Gefahr ausgesetzt wird, nicht vollständig umfasst zu werden, sondern sich selbstständig geltend macht im Bewusstsein. Und weil das Ich nicht ordentlich wirkt, rutscht das Denken in die Gefühls- oder gar in die Willenssphäre hinein. Statt dass die Dinge nun nebeneinandergehen, Denken, Fühlen und Wollen, ergreift das Denken, ohne dass das Ich seine Tätigkeit entfalten kann, das Fühlen oder gar das Wollen.

Das geschieht in den Fällen, die geschildert werden

von den Psychoanalytikern als hysterische oder nervöse Fälle. Da schwenkt gewissermaßen Denken, Fühlen und Wollen nach der entgegengesetzten Seite ab von jener gesunden Richtung, die in das geistige Gebiet hineinführen würde.

Wenn man wirkliche Anlage, Begabung zur Prüfung hat, kann man dann die Dinge, ich möchte sagen, handgreiflich sehen, wie sie geschehen. Nehmen Sie die Dame, die am Krankenbett ihres Vaters sitzt, in ihrem starken Ich-Bewusstsein durch viele Nachtwachen herabgedämpft ist – das Geringste kann geschehen, so wird ein Gedanke nicht ordentlich neben dem Gefühl einherlaufen, sondern hinunterpurzeln in die Region der Gefühle. Dann aber ist der Gedanke sogleich von den Gefühlswogen ergriffen, die stärker sind als die Wogen des Gedankens; und die Folge davon ist, dass dann in einem solchen Falle der Organismus ergriffen wird von den Gefühlswogen. Von den Gefühlswogen wird nämlich der Organismus in dem Augenblicke ergriffen, in dem das Denken nicht stark genug ist, sich außer den Gefühlen zu halten.

Das ist eine wichtige Anforderung, dass das Denken des modernen Menschen immer mehr in die Lage kommt, sich außer den Gefühlswogen und den Willenswogen zu halten. Ergreift das Denken im Unterbewussten – hier ist das Überbewusste (siehe Zeichnung, rechts), hier ist das Bewusste (Mitte), hier ist das Unterbewusste (links) –, ergreift das Denken die Gefühlswogen im Unterbewussten, so geschieht etwas Unordentliches im Organismus. Das ist außerordentlich wichtig.

Nun können Sie sich denken, wie in diesem modernen Leben, wo so vieles an die Menschen herangebracht wird, was sie nicht ordentlich verstehen, was sie nicht weiter durchdringen, wie da die Gedanken fortwährend in die Gefühle hinunterströmen. Aber: Nur das Denken ist orientiert auf den physischen Plan; das Fühlen ist nicht mehr bloß auf dem physischen Plane, sondern das Fühlen steht eo ipso im Zusammenhang mit der geistigen Welt. Das Fühlen steht wirklich im Zusammenhang mit all den geistigen Wesen, von denen man als real sprechen muss. Sodass der Mensch, wenn er mit unzulänglichen Begriffen untertaucht in sein Gefühlsleben, in Kollisionen kommt mit den Göttern – wenn man so sagen will –, aber auch mit den bösen Göttern. Da kommt er in Kollisionen. Und da treten alle diese Kollisionen auf, die davon herkommen, dass der Mensch mit unzulänglichen Erkenntnismitteln untertaucht. Er muss mit unzulänglichen Begriffen untertauchen, wenn in der Gefühlssphäre viel mehr ist als in der gewöhnlichen Verstandessphäre. In der Gefühlssphäre kann sich der Mensch nicht emanzipieren von seinem Zusammenhang mit der geistigen Welt. Wenn er nun in der materialistischen Zeit sich in der Verstandessphäre emanzipiert, so kommt er mit unzulänglichen Begriffen immer in seine Gefühlswelt hinein, und er muss krank werden.

Was würde daher die einzige Hilfe sein, den Menschen umfänglich gesund zu machen? Ihn wiederum hinzuführen zu solchen Begriffen, die auch die Gefühlssphäre umfassen; das heißt, den modernen Menschen wiederum zu reden von der geistigen Welt, im umfänglichsten Sinne zu reden von der geistigen Welt. Nicht die dem Individuum angepassten therapeutischen Methoden des Psychoanalytikers kommen dabei in Betracht, sondern die für die Allgemeinheit geltende Geisteswissenschaft. Nimmt man die Begriffe der Geisteswissenschaft wirklich auf – nicht alle nehmen sie ja auf, die sie sich anhören oder die darüber lesen –, nimmt man sie wirklich auf, dann kommt man nicht in die

Möglichkeit, dass sich im Unterbewussten die drei Sphären der Seele – Denken, Fühlen und Wollen – chaotisch durcheinanderwirren, worauf alle Hysterie und alle Nervosität in Wirklichkeit beruht, die innerseelisch ist – und von solchem spricht ja die Psychoanalyse.

Dazu ist aber allerdings notwendig, dass man den Mut hat, heranzukommen an das konkrete Wirken der geistigen Welten, dass man den Mut hat, anzuerkennen, dass wir in unserer Zeit in einer Krise leben, die wesentlich zusammenhängt mit einer Krise, die wir ja konstatiert haben für das Jahr 1879 und unter deren Nachwehen wir stehen. Ich sagte schon gestern, gewisse Dinge müssen ganz anders betrachtet werden, als sie von der materialistischen Gesinnung unserer Zeit betrachtet werden; und ich wies auf das Beispiel Nietzsche hin: Nietzsche ist 1844 geboren; 1841 begann der Kampf in der geistigen Welt, von dem ich gesprochen habe; drei Jahre lang war Nietzsche darinnen in diesem Kampfe. Richard Wagner hat ihn zunächst nicht mitgemacht; er ist 1813 geboren. Also drei Jahre lebt Nietzsche in der geistigen Welt, nachdem dieser Kampf stattfindet.

Die folgenden zwei Textquellen handeln abschließend nochmals von der Lockerung des Ätherleibes als der Ursache von Nervosität und Ängsten. Ein weiterer Krankheitsbegriff, der hier auftaucht, ist die «Neurasthenie». Diese Bezeichnung wird heute noch als übergeordneter Begriff für «neurotische Störungen» und sogar als Oberbegriff für psychische Erkrankungen im Allgemeinen verwendet.

Rudolf Steiner weist dabei auf die heilsame Wirkung der Christus-Idee im allgemein-menschlichen Sinne und nicht als konfessionelle Überzeugung hin, sowie auf die

Möglichkeit einer «neuen Hellsichtigkeit», die mit der Lockerung des Ätherleibs, insbesondere im Bereich des Herzens seit 1721, verbunden ist.

Einer Wirklichkeit gegenüberstehen, die man nicht als eine solche erkennt, heißt zerrüttet sein im Geiste. In eine geistige Zerrüttung hinein würden die Menschen leben, wenn die geistigen Welten vor ihnen auftauchen würden bei der Lockerung des Ätherleibes und sie sie nicht als solche erkennen würden. Heute könnte schon mancher von den geistigen Welten ein Bewusstsein haben, aber er hat es nicht, und so schlagen sie auf ihn selbst zurück, und das zeigt sich in seiner Nervosität, der Neurasthenie, in der pathologischen Krankheitsfurcht. Das ist nichts anderes als der Rückschlag dessen, was das Nichtbewusstsein von der geistigen Welt hervorruft. Wer das fühlt, der fühlt auch die Notwendigkeit einer geistigen Bewegung, die über die bloße Religion hinauswachsend den Glauben an den Menschen, an den ganzen Menschen, das heißt auch an den geistigen Menschen bewahrt und volle Erkenntnis des geistigen Menschen bringt. Und Christus erkennen heißt, auch den geistigen Menschen erkennen. Mit der Christus-Idee in die Zukunft der Menschheit hineinleben heißt, selbst das Christentum als Religion überwinden [...].

Im Großen und Ganzen ist der Mensch ein physischer Leib, der in einen Ätherleib eingebettet ist; das andere brauchen wir heute nicht zu berücksichtigen. Aber die Innigkeit der Verbindung – ich meine jetzt nicht das räumliche Sich-Decken, aber das Dynamische in der Verbindung –, das ändert sich im Laufe der Erdenentwicklung, und die innigen Beziehungen zwischen dem

Ätherkopfe und dem menschlichen physischen Kopf, die bestanden haben zum Beispiel in den Jahrhunderten, von denen man hauptsächlich spricht, wenn man von griechischer Kultur spricht, diese Beziehungen bestehen schon seit dem 3. vorchristlichen Jahrhundert nicht mehr. Seit dem 3. vorchristlichen Jahrhundert ist schon der alte Innigkeitszusammenhang zwischen dem Ätherkopf des Menschen und dem physischen Kopf verloren gegangen. Aber es ist doch immer aufrechterhalten geblieben ein recht inniger Zusammenhang zwischen dem menschlichen physischen Herzen und dem menschlichen Ätherherzen. Aber seit dem Jahre 1721 lockert sich merkwürdigerweise immer mehr und mehr der Zusammenhang zwischen dem menschlichen physischen Herzen und dem Ätherherzen. Wenn ich so sagen darf: Wenn das physische Herz da ist und das Ätherherz da (siehe Zeichnung S. 66), so war das früher mehr ein Ganzes, jetzt kann das Ätherherz geschüttelt werden ätherisch, es ist nicht mehr innerlich so dynamisch verbunden wie früher. Später werden noch andere Organe des Menschen sich vom Ätherischen lösen. Das aber, dass das Herz nach und nach sich löst von seinem Ätherteil und bis in das 3. Jahrtausend hinein, bis man 2100 ungefähr schreiben wird, sich ganz gelöst haben wird, das macht auch in Bezug auf die menschliche Entwicklung etwas sehr Bedeutsames aus. Was es ausmacht, das kann man in der folgenden Weise charakterisieren. Man muss sagen: Das macht das aus, dass die Menschen nötig haben, etwas, was ihnen früher von selbst kam durch den natürlichen Zusammenhang zwischen physischem Herzen und Ätherherzen, auf einem anderen Wege zu suchen, auf dem Wege des spirituellen Lebens. Dieses vom physischen Herzen losgetrennte Ätherherz, das wird seine richtige Beziehung zur geistigen Welt nur gewinnen, wenn der Mensch sucht spirituelles Wissen, wenn der Mensch sucht anthroposophisch orientierte geistige Gedanken. Das muss immer mehr und mehr gesucht werden.

Nun finden Sie etwas höchst Merkwürdiges in unserer Zeit. Wenn von anthroposophischer Geisteswissenschaft bei den – mit Respekt zu vermelden – Zeitungsleuten die Rede ist, dann wird oftmals gesagt: Ja, aber das, das hat einen systematischen Zusammenhang, das ist kompliziert, da muss man viele Gedanken haben; das Christentum macht das alles einfach, es hat den Glauben! – Aber dieser Glaube, der sich nicht aufschwingen will zum spirituellen Leben, der sich nicht einlassen will auf die wirklichen Gedanken über die geistige Welt, dieser Glaube ist gerade seit jener Lostrennung des Ätherherzens vom physischen Herzen außerordentlich gefährlich, denn dieser Glaube, der nicht begreifen will die geistige Welt, der eben nur ein naives Gefühlsverhältnis zur geistigen Welt entwickeln will, dieser Glaube materialisiert das Herz der Menschheit, der ist ein Mittel zur materialistischen Kultur auf einem Gebiete, woran man gewöhnlich nicht denkt. Deshalb werden gerade die religiösen Leute, wenn man die Sache ernst nimmt, so furchtbar materialistisch in unserer Zeit, weil sie sich auf den bloßen Glauben stützen. Dieser Glaube muss durchtränkt und durchgeistigt werden von wirklichen Ideen über die geistige Welt, und es ist ein ahrimanischer Trick, den Leuten im Zeitalter der Verwirrung einzuprägen, sie sollen nur ja nicht zur Anschauung der geistigen Welt kommen, sondern beim bloßen Glauben stehen bleiben.

III. DIE POLARITÄT VON SCHAM UND SCHRECK

Immer wieder ist Rudolf Steiner in den verschiedensten Vorträgen auf die Phänomene der Scham und Furcht bzw. Angst eingegangen und hat sie auch und gerade in ihren physiologischen Zusammenhängen charakterisiert.

Betrachten Sie einmal das Schamgefühl, betrachten Sie die Angst, die Furcht, den Schrecken! Das Schamgefühl treibt den Menschen die Schamröte ins Gesicht; das Gesicht färbt sich anders. Ebenso ist es bei der Angst, bei der Furcht, beim Schrecken. In dem einen Falle färbt sich das Gesicht rot, in dem andern Falle erbleicht es. In dem Vortrage über «Blut ist ein ganz besonderer Saft» habe ich gezeigt, dass das Blut der äußere Ausdruck ist für die innere Arbeit des individuellen Menschen. Was sich da als intimste Wesenheit ausdrückt, schießt in das Blut: Wer das Blut hat, hat das Ich, und wer das Ich hat, hat das Blut. Daher ist es ein ganz besonderer Saft.

Scham wie auch Furcht bzw. Angst sind seelische Prozesse, die sich unmittelbar körperlich ausdrücken: «Ein Mensch erblasst, wegen Furcht und Angst. Was ist da geschehen? Oder wenn der Mensch fühlt: In mir ist etwas, was ich verbergen möchte – und er errötet. Scham- und Schreckgefühle sind seelische Vorgänge, seelische Erlebnisse. Sie drücken sich aber aus in körperlichen Vorgängen. Bei der Angst möchte man alle Kräfte im Innern zusammenziehen, sich behaupten; das Blut zieht sich gleichsam im Innern zusammen.» Auch in dem Kapitel «Der viergliedrige Erdenmensch» in der Schrift «Aus der Akasha-Chronik» finden sich entsprechende Ausführungen zur Physiologie von Scham und Furcht:

Die mechanisch-materialistische Lebenslehre sieht in dem Herzen eine Art Pumpvorrichtung, welche das Blut in regelmäßiger Art durch den Leib treibt. Da ist das Herz die Ursache der Blutbewegung. Die geisteswissenschaftliche Erkenntnis zeigt etwas ganz anderes. Ihr ist das Pulsieren des Blutes, seine ganze innere Beweglichkeit, Ausdruck und Wirkung der Seelenvorgänge. Seelisches ist die Ursache davon, wie sich das Blut verhält. Das Erbleichen durch Angstgefühle, das Erröten unter dem Einfluss von Schamempfindungen sind grobe Wirkungen von Seelenvorgängen im Blute. Aber alles, was im Blute vorgeht, ist nur der Ausdruck dessen, was im Seelenleben vor sich geht. Der Zusammenhang zwischen Blutpulsation und Seelenimpulsen ist nur ein sehr geheimnis-tiefer. Und nicht die Ursache, sondern die Folgen der Blutpulsation sind die Bewegungen des Herzens.

In seinem Prager Vortragszyklus von 1911, «Eine okkulte Physiologie», kommt Rudolf Steiner ebenfalls auf das Blutsystem und seine Bedeutung als materielles und zugleich von seelischen Bewegungen gesteuertes System zu sprechen.

Das Blut als solches stellt sich uns nun dar als das beweglichste, als das regsamste aller unserer Systeme. Und wir wissen ja, wenn wir auch nur in geringem Maße irgendwie eingreifen in die Blutbahn, so nimmt das Blut sogleich andere Wege. Wir brauchen uns nur an irgendeiner Stelle zu stechen, so nimmt das Blut gleich einen anderen Weg als sonst. Das ist unendlich wichtig zu berücksichtigen, denn daraus können wir ersehen, dass das Blut das bestimmbarste Element im menschlichen Leibe ist. Es hat seine gute Unterlage an den anderen Organsystemen, aber es ist zugleich das allerbestimmbarste, das die wenigste innere Stetigkeit hat. Das Blut kann ungeheuer bestimmt werden durch die Erlebnisse des bewussten Ich. Ich will dabei nicht eingehen auf die phantastischen Theorien, die vonseiten der äußeren Wissenschaft über das Erröten oder Erbleichen bei Scham- oder Angstgefühlen aufgestellt werden, ich will nur hinweisen auf die rein äußere Tatsache, dass solchen Erlebnissen wie Furcht oder Angst und Schamgefühl Ich-Erlebnisse zugrunde liegen, die in ihrer Wirkung auf das Blut erkennbar sind. Beim Furcht- und Angstgefühl ist es so, dass wir uns gleichsam schützen wollen vor irgendetwas, von dem wir glauben, dass es gegen uns wirkt; wir zucken da gleichsam mit unserem Ich zurück. Beim Schamgefühl ist es so, dass wir uns am liebsten verstecken möchten, uns sozusagen hinter das Blut zurückziehen, unser Ich auslöschen möchten. Beide Male – ich will dabei nur auf die äußeren Tatsachen eingehen – folgt das Blut materiell, als äußeres materielles Werkzeug dem, was das Ich in sich erlebt. Beim Furcht- und Angstgefühl, wo der Mensch sich so stark in sich zurückziehen möchte vor etwas, von dem er sich bedroht fühlt, da wird er bleich; das Blut zieht sich zurück von der Oberfläche zum Zentrum, nach innen. Wenn sich der Mensch beim Schamgefühl verstecken möchte, sich auslöschen möchte, wenn er am liebsten nicht wäre und irgendwo hineinschlüpfen möchte, da drängt sich das Blut unter dem Eindrucke dessen, was das Ich erlebt, bis zur Peripherie des Organismus, und der Mensch wird rot. So sehen wir, dass das Blut das am leichtesten bestimmbare System im menschlichen Organismus ist und den Erlebnissen des Ich am schnellsten folgen kann.

Auch in seinen öffentlichen, meist im Berliner Architektenhaus gehaltenen Vorträgen hat Rudolf Steiner diese «Blutphysiologie» von Angst/Furcht und Scham wiederholt beschrieben. Auf der einen Seite führt die Angst zu einer «Zentralisierung» im Menschen, also zu einem Zusammenziehen, zum Erblassen und auf der anderen Seite die Scham zu einem Ausdehnen des Blutes in die Peripherie, das heißt in die Haut, wo sie als Errötung sichtbar wird. Diese leiblich-seelische Reaktion wird auch als ein Überbleibsel aus der atlantischen Zeit beschrieben, wo die Seele noch eine stärkere Herrschaft über den Leib ausübte.

Zwei Seelenerlebnisse gibt es, in die Sie sich ganz vertiefen sollten, die Ihnen zeigen, dass der Mensch eine innere Fülle besitzt, die ausstrahlt nach außen, und dass er einen Mittelpunkt sucht für die Tätigkeit nach außen. Diese zwei Gefühlsrichtungen sollte man studieren, denn sie führen uns tief hinein in die Krankheiten der Menschen. Das eine Gefühl ist negativ, die Angst, das andere positiv, die Scham; es bedeutet aber auch etwas Negatives. Angenommen, Sie stehen einem Ereignisse gegenüber, das Sie in Angst und Schrecken versetzt. Wenn Sie dies nicht vom materialistischen Standpunkt betrachten, sondern den Astralleib mit in Betracht ziehen, dann wird das Bleichwerden als Ausdruck erscheinen für Kräfteströmungen im Menschen. Warum wirkt die Seele in dieser Weise auf die Verteilung des Blutes? Weil die Seele anstrebt, in sich einen Willensmittelpunkt zu schaffen, um von hier nach außen wirken zu können. Es ist förmlich ein Sammeln des Blutes im Mittelpunkt, um von da nach außen wirken zu können. Das ist mehr oder weniger bildlich gemeint. Bei der Scham ist es umgekehrt, wir erröten; das Blut strömt von innen zur Peripherie. Das Schamgefühl zeigt Zustände, wo wir unser Ich auslöschen möchten. Der Mensch braucht da etwas, um sich zu verlieren, ein Aufgehen im All, in der Weltenseele oder, wenn man will, in der Umgebung, sodass das, was wir unser Ich nennen, nicht nach außen sichtbar werden will. Hier haben Sie eine Polarität, die auf wichtige Zustände des Ätherleibes und des Astralleibes hinweist. Dies sind zwei Fälle, wo die Kräfte des Astralleibes nach außen sichtbar werden. Angst und Scham drücken sich in körperlichen Zuständen aus. Wenn Sie das bedenken, so werden Sie begreifen, dass alle seelischen Vorgänge eine Wirkung haben können in den Vorgängen des Organismus.

Und in dem Vortrag vom 18. Februar 1909 heißt es:

Wir wollen uns kurz die unsichtbaren Glieder der Menschennatur vor die Seele führen. Geisteswissenschaft spricht von diesen unsichtbaren Gliedern der Menschennatur, aber nicht als von etwas, was wie ein

Anhängsel des Sichtbaren da wäre, sondern sie spricht gerade von dem Geistigen als von dem Schöpferischen des Sichtbaren. Ein fast auf der Hand liegendes Beispiel ist Folgendes: Jeder, auch einer, der nicht hineinblicken kann in die Werkstätte des geistigen Lebens, sollte sich immer wieder vor Augen führen, damit er lernt zu glauben, dass das Übersinnliche der Grund des Sinnlichen ist, die Schamgefühle und die Furchtgefühle. Was sind sie? Zweifellos für den, der nicht vertrackt denkt, seelische Erlebnisse. Irgendetwas, müssen wir sagen, ist da, was uns bedroht; die Seele fühlt sich bedroht. Das kommt zum Ausdruck in Angst- und Furchtgefühlen. Gewiss könnten wir mancherlei physische Vermittlungen anführen. Das wäre selbstverständlich leicht, und der moderne Forscher würde kaum etwas anführen können, was der Geisteswissenschaftler nicht auch wüsste. Aber das, worauf es ankommt, ist, dass das Blut zurückgedrängt wird von der Oberfläche des Leibes dem Mittelpunkt zu.

Wir haben also einen materiellen Vorgang als Folge eines seelischen. Dasselbe ist der Fall beim Schamgefühl. Wir haben da wieder eine Umlagerung des Blutes, eine Änderung der Zirkulation unter Einwirkung eines Geistigen. Das, was man hier im Kleinen sieht und was man im größeren Maßstabe beobachten kann, wenn infolge eines traurigen Ereignisses Tränen aus den Augen fließen, zeigt, dass das Seelische Ursache sein kann für körperliche Vorgänge. Freilich gibt es heute unter dem Einfluss unserer nicht offensichtlichen, sondern geheimen materialistischen Denkweise Leute, die auch hier materialistische Anschauungen geltend machen. Ich habe auch hier schon den Ausspruch einer gewissen Weltanschauung angeführt: Man weint nicht, weil man traurig ist, sondern man ist traurig, weil man weint. Dieser Ausspruch ist eigentlich ausgegangen von jemand, der idealistisch dachte, aber er ist verkehrt gedeutet worden. Das sind ausgewachsene materialistische Denkungsweisen. Wer sich aus der materialistischen Grundlage unserer Zeit ein Stück gesunden Denkens gerettet hat, der wird in solchen offensichtlichen Zusammenhängen zwischen physischen Tatsachen und geistig-seelischen Tatsachen etwas sehen, was ihn allmählich dazu bringen kann, zu verstehen, dass die Geisteswissenschaft von ihrem Standpunkt aus sagen muss: Alles, alles Materielle hat geistigen Ursprung.

Es geht also um ein Hineinwirken des Geistigen ins Materielle, wie Steiner an anderer Stelle nochmals präzisiert:

Und in dem, was sich einfach als eine unmittelbare Wirkung der Seele auf die Blutzirkulation ausdrückt, kann man schon etwas erraten von jenem Hineinwirken des selbstbewussten Ich in die Leiblichkeit, in die Organisation. Das ist sozusagen die nächste Pforte, wo das vom Geist befruchtete Ich in die Leiblichkeit hineinwirkt. Wir sehen es, wenn wir das Seelische in seiner Wirkung auf die Blutzirkulation betrachten. Ich habe schon öfter darauf hingewiesen, dass wir in den ganz groben Erscheinungen der Schamröte und der Angstbleichheit eine unmittelbare Wirkung sehen von etwas, was in der Seele vor sich geht und im Leib sich ausdrückt, denn es sind in der Tat Furcht und Schamgefühl seelische Vorgänge. Man müsste, wollte man das bestreiten, unbewusster Materialist sein, was zum Beispiel William James tatsächlich ist, obwohl er Spiritualist sein will, indem er in der Tat den Satz verfechten will: «Der

Mensch weint nicht, weil er traurig ist, sondern er ist traurig, weil er weint.» Man müsste sich demnach vorstellen, dass der Mensch dadurch in seiner Seele Traurigkeit erlebt, dass irgendwelche, wenn auch noch so feine, materielle Einflüsse auf den Organismus ausgeübt werden, welche die Tränen herauspressen, und wenn der Mensch dies merkt – so meint William James –, dann werde er traurig. Wenn wir diesen Schluss in seiner ganzen Unhaltbarkeit nicht erkennen, werden wir nicht einsehen können, dass wir es in Dingen wie Lachen und Weinen, aber auch in der Schamröte, wo eine Umlagerung des Blutes vom Zentrum nach der Peripherie stattfindet, mit materiellen Vorgängen zu tun haben, welche unmittelbar unter seelisch-geistigen Einflüssen stehen.

Im Vortrag «Das Wesen des Gebetes», den Steiner am 17. Februar 1910 in Berlin hielt, wird die zeitliche Dimension in der Erscheinung der Angst noch weiter differenziert. Danach kommt die Wirkung der Scham aus der bekannten, aber nicht immer bewussten Vergangenheit und die der Furcht aus der unerwarteten Zukunft: «Während beim Zurückblicken in die Ereignisse der Vergangenheit sich unsere Empfindung und unser Gefühl wie ein abweisendes Urteil, wie Reue, wie Scham vielleicht geltend machen, so stehen der Zukunft gegenüber von vornherein die Empfindungen und Gefühle da von Angst und Furcht, von Hoffnung, von Freude.» Dieser zeitliche Aspekt wird im Fortgang des Vortrags noch ausführlich erörtert und in einen existenziellen Zusammenhang des Menschen in Bezug auf Vergangenheit und Zukunft gestellt. Dies wird auch im folgenden Textauszug aus einem späteren Vortragszyklus bestätigt, in dem die

Furcht/Angst ebenfalls dem Erleben aus der Zukunft zugeordnet wird.

Unter den Gefühlen des Menschen gibt es mancherlei Arten. Ich will nur auf einige aufmerksam machen, die wir gestern schon genannt haben, und auf einige andere, auf Gefühle zum Beispiel, welche sich aussprechen in der Sehnsucht, in der Ungeduld, in der Hoffnung, im Zweifel; ich will Sie verweisen auf solche Gefühle, wie Angst und Furcht sind. Was sagen uns denn alle derartigen Gefühle? Wenn wir sie wirklich prüfen, haben sie alle etwas merkwürdig Gemeinsames: sie beziehen sich alle auf die Zukunft, sie beziehen sich auf das, was eintreten kann, oder von uns als eintretend gewünscht wird. Der Mensch also lebt in seiner Seele so, dass ihn in seinen Gefühlen nicht nur die Gegenwart, sondern auch die Zukunft interessiert. Und sogar recht lebhaft interessiert ihn die Zukunft! Sie können weitergehen: Sie können die Tatsache, dass Gefühle in uns leben, die sich auf die Zukunft beziehen, mit einer andern vergleichen. Versuchen Sie in Ihren Erinnerungen wachzurufen irgendetwas, was Sie in Ihrer Jugend oder vielleicht auch erst vor kurzer Zeit erlebt haben als Freude oder als Schmerz. Versuchen Sie einmal, nur ein klein wenig zu vergleichen, was in Ihren Gefühlen lebt von der Vergangenheit herein von einem überstandenen Schmerz oder auch von einer erlebten Freude, und wie unendlich blass die Erinnerung an solche Dinge nur wieder aufgefrischt werden kann. Wenn sie etwas hinterlassen haben, wenn sie auf unsere Gesundheit oder sonst wie eingewirkt haben, da machen sie sich geltend, da drängen sie sich in das Bewusstsein herein. Da ist es aber die Gegenwart! Was wir aber in der Vergangenheit erfahren haben in Bezug auf unser Gefühlsleben, das verblasst, je mehr wir uns davon entfernen. Und nun denken Sie, wie es bei den ausgesprochenen Begehrungen ist. Wenn Sie etwas begehren, was Ihnen in der Zukunft beschert werden soll, da versuchen Sie einmal das Rumoren in der Seele so recht zu beobachten.

Furcht und Scham erscheinen dem Menschen auch beim bewusstseinsmäßigen Schwellenübergang von der physischen in die geistige Welt durch die Begegnung mit dem sogenannten Hüter der Schwelle, wie dies schon oben angeklungen ist. Rudolf Steiner beschrieb dies ausführlich am 31. August 1913 in München nach der Aufführung des dritten und vierten Mysteriendramas im letzten Vortrag des Zyklus «Die Geheimnisse der Schwelle». Das dabei geschilderte Erlebnis ist wohl die höchste denkbare Steigerung von Furcht und Scham, die dem Menschen begegnen kann.

Wir begegnen also unserem eigenen wahren Ich an der Schwelle in die geistigen Welten. [...] Wir wandeln allerdings alle als unser anderes Selbst in den geistigen Welten herum, aber wir sind gar sehr ein anderer. Wenn wir mit unserem Bewusstsein in der physischen Welt verweilen, dann ist unser anderes Selbst wirklich recht sehr ein anderes, ein uns Fremdes, eine Wesenheit, der wir wahrhaftig viel fremder entgegentreten als einem anderen Menschen der Erdenwelt. Und dieses andere Selbst, dieses wahre Ich kleidet sich in unsere Schwächen, in all das, was wir eigentlich verlassen müssen und nicht verlassen wollen, weil wir gewohnheitsmäßig als physisch-sinnliche Menschen daran hängen, wenn wir die Schwelle überschreiten wollen.

Wir begegnen also eigentlich an der Schwelle zur geistigen Welt einem Geistwesen, das sich unterscheidet von allen anderen Geistwesen, denen wir in den übersinnlichen Welten begegnen können. Alle anderen Geistwesen erscheinen gleichsam mehr oder weniger mit Hüllen, die doch ihrem Eigensein mehr angemessen sind, als es mit den Hüllen des Hüters der Schwelle der Fall ist. Er kleidet sich in dasjenige, was uns nicht nur Kummer und Sorgen, sondern oft Abscheu und Widerlichkeit erweckt. Er kleidet sich in unsere Schwächen, in das, von dem wir sagen können, wir erbeben in Furcht, uns nicht von ihm zu trennen, oder auch, wir erröten nicht nur, wir vergehen fast in Scham, wenn wir hinschauen müssen auf das, was wir sind und in was sich der Hüter der Schwelle kleidet. Es ist also eine Selbstbegegnung, aber in Wahrheit doch eine Begegnung mit einer anderen Wesenheit.

Wenn wir die Polarität von Schreck, Furcht/Angst und Scham in Beziehung setzen zu den eingangs erwähnten Bewusstseinsschranken zwischen Sinneswelt und seelischer Welt sowie zu dem Zusammenfallen oder Ineinanderpurzeln von Denken, Fühlen und Wollen, so wird eine genauere Zuordnung möglich. Die physiologische Grundlage dabei ist immer der Blutmensch oder das Herz mit dem Kreislauf, der mit dem «Anstoßen» an der Vergangenheit im inneren, seelischen Pol verborgen bleibt. Dort wird das Denken, Fühlen und Wollen vom Schamgefühl tingiert. In der Begegnung mit der unerwarteten oder befürchteten Zukunft am Sinnespol reißen die drei Seelenglieder auseinander, wenn sie mit Schreck oder Furcht konfrontiert werden. Dabei besteht eine Verbindung der Scham zu den luziferischen und bei Schreck/Furcht zu den ahrimanischen Wesenheiten.

Die Schwierigkeit, seelische Zustände wirklich zu erkennen, zeigt sich auch in der Tatsache, dass der Mensch sich über seine wahren, tiefer gehenden Gefühle täuschen kann. So heißt es in einem öffentlichen Vortrag vom 6. März 1913:

Wir können in den verborgenen Seelentiefen Hass und Liebe, Freude und Furcht und Aufgeregtheit haben, ohne dass wir diese Affekte im bewussten Seelenleben tragen. Daher ist es durchaus richtig, dass für eine besondere Erscheinung des Hasses von einer Person zur anderen, der im Bewusstsein spielt, schuld sein kann eine in den Tiefen der Seele eigentlich wurzelnde Liebe. Es kann eine Sympathie, eine tiefere Sympathie in den tiefen Untergründen der Seele bei einer Person für eine andere vorhanden sein. Aber weil diese Person zugleich Gründe hat, über die sie vielleicht auch nichts weiß, deshalb betäubt sie sich über diese Liebe, über diese Sympathie, und täuscht sich Hass und Antipathie vor.

Es können sich Gefühle der Sympathie nach innen und der Antipathie, des Hasses nach außen gleichzeitig abspielen. Interessant ist dabei die typische Erscheinungsrichtung von dem, was sich zeigt, und dem, was verborgen bleibt. Gerade gegenüber geistigen Tatsachen und Erlebnissen kann es zu oberflächlichen Hassgefühlen kommen, auch wenn eine innere Sehnsucht danach besteht. Dies findet man bezogen auf die Geisteswissenschaft beschrieben in einem Vortrag über «Das gegenseitige In-Beziehung-Treten zwischen den Lebenden und den sogenannten Toten». Die Tatsache, dass die Geisteswissenschaft «in umfassendster Weise der Menschheit dienen soll», heißt es darin, bewirke, «dass die Menschen, welche gewissermaßen in den Tiefen ihrer Seelen Furcht haben vor den geistigen Welten, in ihrem Bewusstsein diese Furcht als Hass ausleben. Verwandt sind mancherlei menschliche Gefühle miteinander, Ehrgeiz und Eitelkeit sind zum Beispiel verwandt mit der Furcht.»

Die Verwandtschaft von Furcht und Hass kommt auch im nächsten Textauszug aus dem Vortrag «Irrtümer der Geistesforschung» vom 19. Februar 1913 zum Vorschein.

Ein drastisches Beispiel für ein Wirken [des Unterbewussten] in der Seele, das sich ganz anders auslebt, ist Folgendes. Luther hat einmal gesagt: Wenn ich recht zornig bin, kann ich am besten beten und predigen. Er hat das ausgesprochen, und jeder Seelenkenner versteht es. Die Kräfte, die in der Seele wirken, können sich in der mannigfachsten Weise verwandeln. Zorn ist einfach eine Seelenkraft; wenn sie hineintaucht in die Tiefen der Seele, kann sie im Bewusstsein sich in ganz anderer Weise ausleben. Wenn wir den Zorn in uns hineingießen, wenn wir ihn in die unterbewusste Seelenregion hineinbringen, kann er sich als das ausleben, was wie sein Gegenteil ausschaut. Beten und predigen sieht meist nicht aus wie ein Zornesausbruch; aber Luther hat gewusst, dass er dann am besten beten und predigen kann, [wenn er zornig ist]. So ist es mit vielen Seelenregungen. Sie lassen sich nicht im gewöhnlichen Sinne beweisen, aber sie erweisen sich durch die Beobachtung der Seele. Wer die Seele untersucht, so wie man chemische Stoffe untersucht in ihrer Verbindung und Auflösung, der findet, welchen Wegen die verschiedenen Kräfte des Seelenlebens folgen, wie sie sich verwandeln, anders werden, wenn sie im Bewusstsein sind, und anders, wenn sie in die unteren Regionen des Seelenlebens hinuntertauchen. Da ist etwas, was wir als eine Kraft ansprechen müssen, eine Kraft, die jeder kennt, wenn sie in den oberen Regionen des Bewusstseins auftritt: die Furcht. Sie ist für den Seelenkenner mit dem Hass verwandt. Oftmals hassen wir in der oberen Region der Seele dasjenige, was wir fürchten; aber die Furcht haben wir schon in das Unterbewusstsein hineingedrängt. Hass und Furcht sind ungemein miteinander verwandt.

IV. DIE POLARITÄT VON ZWEIFEL UND SCHRECKVOLLSTER VERWIRRUNG

Der Zweifel oder die Zweifelsucht tritt in einer anderen Dimension auf als die Ängste der Furcht und Scham, er geht mit einer Störung der Atmung, der Luftzufuhr einher. Die dabei wirksame Wesenheit ist Luzifer, wie Rudolf Steiner in den Vorträgen «Die Welt als Ergebnis von Gleichgewichtswirkungen» (GA 158) anführt. Er ist in diesem Zusammenhang der «Zweifelbringer», und seine Tätigkeit kann im Schlaf wie im Albtraum in Erscheinung treten. Dies stellt eine wesentliche Erweiterung der physiologischen Betrachtungsweise durch die geisteswissenschaftliche dar. Nur selten wird heute in der offiziellen Medizin die Relevanz der Atmung im psychosomatischen Zusammenhang untersucht und berücksichtigt. Einzig bei den ausgeprägtesten Formen des Apnoe-Syndroms, des nächtlichen Atemstillstands, wird ihr eine Bedeutung zuerkannt.

Der Albtraum, wo also der Mensch durch das gestörte Atmen zum Traumbewusstsein kommt, sodass sich Erlebnisse der geistigen Welt hineinmischen können, und auch Angst- und Furchterlebnisse, die mit Albträumen verbunden sind, haben in dem luziferischen Element der Welt ihren Ursprung. Alles, was vom gewöhnlichen Atmungsprozess übergeht zum Würgen, zu dem Gefühl des Gewürgtwerdens, das hängt zusammen mit dieser Möglichkeit, dass Luzifer sich einmischt in den Atmungsprozess. Das ist der grobe Prozess, wo durch eine Herabminderung des Bewusstseins Luzifer sich in das Atemerlebnis hineinmischt, gestaltenhaft in das Traumbewusstsein tritt und da zum Würger wird. Das ist das grobe Erlebnis.

Es gibt aber auch ein feineres Erlebnis, das uns dieses Würgeerlebnis gleichsam verfeinert, nicht so grob wie ein physisches Würgen darstellt. Man achtet gewöhnlich nicht darauf, dass eine solche Verfeinerung des Würgens zu den menschlichen Erlebnissen gehört. Aber jedes Mal, wenn an die menschliche Seele dasjenige herantritt, was zu einer Frage wird oder zu einem Zweifel an diesem oder jenem in der Welt, dann ist in der verfeinerten Weise ein Würgeerlebnis da. Man kann schon sagen: Wenn wir eine Frage aufstellen müssen, wenn ein kleines oder großes Weltenrätsel sich uns aufdrängt, dann werden wir gewürgt, aber so, dass wir es nicht merken. – Jeder Zweifel, jede Frage ist ein verfeinertes Albdrücken oder ein verfeinerter Albtraum.

So wie Scham und Furcht zeigt sich auch der Zweifel bei der Begegnung mit der Schwelle der geistigen Welt, was nicht nur für den Menschen von Bedeutung ist, sondern auch für die geistige Welt. In der folgenden Textstelle wird der Zweifel oder die Zweifelsucht neben den «negativen Gefühlen» von Angst, Furcht und Aberglauben, von Hoffnungslosigkeit sowie Kopflosigkeit aufgeführt. Da die geistige Welt eine Welt von Wesenheiten ist, gibt es dort auch Wesen, die an unseren Ängsten Interesse haben, für die sie sogar eine «Nahrung» darstellen. Diese Wesen sind nach Rudolf Steiner dem Menschen aber eher feindlich gesinnt, sodass durch sie keine positive Beziehung zum Geistigen ermöglicht wird. Furcht, Angst und Zweifel sind daher Hindernisse für das

Einleben in die geistige Welt, für das Überschreiten der Schwelle.

Der geistigen Welt sind die Gedanken, die Sie hegen, als etwas Reales eingefügt. Ein Hassgefühl, das Sie einem Menschen entgegenbringen, ist in der geistigen Welt realer und für denjenigen, der es durchschaut, auch viel wirksamer als ein Schlag, den Sie dem Betreffenden mit einem Stock geben. Wenn sich das Furchtbare auch nicht unmittelbar vor Ihren Augen abspielt, es ist doch so. Furcht und Angst, solche negativen Gefühle, die sind in der Tat etwas, was, wenn es aus dem Menschen ausströmt, dadurch, dass er die entsprechenden geistigen Wesen und Kräfte kennenlernt, verhängnisvoll werden kann. Diese Angst und diese Furcht sind in der Tat etwas, was den Menschen zu der geistigen Welt in ein verhängnisvolles Verhältnis setzt; denn es gibt in der geistigen Welt Wesenheiten, für die Angst und Furcht, die von dem Menschen ausströmen, wie eine willkommene Nahrung sind. Hat der Mensch nicht Angst und nicht Furcht, dann hungern diese Wesen. Derjenige, der noch nicht tiefer eingedrungen ist, möge das als Vergleich nehmen. Derjenige aber, welcher diese Sache kennt, weiß, dass es sich um eine Wirklichkeit handelt. Strömt der Mensch Furcht und Angst und Kopflosigkeit aus, dann finden diese Wesen eine willkommene Nahrung, und sie werden mächtiger und mächtiger. Das sind feindliche Wesen für die Menschen. Alles, was sich nährt von negativen Gefühlen, von Angst, Furcht und Aberglauben, von Hoffnungslosigkeit, von Zweifel, das sind in der geistigen Welt dem Menschen feindliche Mächte, die grausame Angriffe auf ihn führen, wenn sie von ihm genährt werden. Daher ist es vor allen Dingen notwendig, dass der Mensch, der in die geistige Welt eintritt, vorerst sich stark mache gegen Furcht, Hoffnungslosigkeit, Zweifelsucht und Angst. Das sind aber gerade Gefühle, die so recht moderne Kulturgefühle sind, und der Materialismus ist geeignet, weil er die Menschen abschneidet von der geistigen Welt, durch Hoffnungslosigkeit und Furcht vor dem Unbekannten diese dem Menschen feindlichen Mächte gegen ihn aufzurufen.

In einer Matinee zur Neujahrsfeier 1912 in Hannover lässt Rudolf Steiner einen poetischen Albtraum aus dem «Traumlied des Olaf Åsteson» rezitieren. Die Verse schildern eindrücklich die Schwellensituation: Drei Tiere erscheinen an der Schwelle zur geistigen Welt, versinnbildlicht in der Gjallarbrücke.

Es wiehert' nicht mein schwarzes Pferd,
Und meine Hunde bellten nicht,
Es sang auch nicht der Morgenvogel,
Es war ein einzig Wunder überall.

Der Mond schien hell
Und weithin dehnten sich die Wege.

Befahren musst' ich im Geisterland
Der Dornenheide weites Feld,
Zerrissen ward mir mein Scharlachmantel
Und auch die Nägel meiner Füße.

Der Mond schien hell
Und weithin dehnten sich die Wege.

Ich kam an die Gjallarbrücke.
In höchsten Windeshöhen hänget diese,
Mit rotem Gold ist sie beschlagen
Und Nägel mit scharfen Spitzen hat sie.

Der Mond schien hell
Und weithin dehnten sich die Wege.

Es schlug mich die Geisterschlange,
Es biss mich der Geisterhund,
Der Stier, er stand in Weges Mitte.
Das sind der Brücke drei Geschöpfe.
Sie sind von furchtbar böser Art.

Der Mond schien hell
Und weithin dehnten sich die Wege.

Gar bissig ist der Hund,
Und stechen will die Schlange,
Der Stier, er dräut gewaltig!
Sie lassen keinen über die Brücke,
Der Wahrheit nicht will ehren!

In dieser norwegischen Dichtung sind die drei Tiere: der Stier, der Hund und die Schlange die Wesen, die verhindern, dass der Mensch die Schwelle zur geistigen Welt überschreitet, der die «Wahrheit nicht will ehren». Sie können auch als bildhaft-geistiger Ausdruck der Ängste Furcht, Scham (oder Hass als nach außen gerichtete Scham) und Zweifel gedeutet werden.

Neben dem Zweifel kann noch ein weiteres Gefühl an der Grenze zur geistigen Welt auftreten: der «verwirrende Schreck» oder die «schreckenvollste Verwirrung» als eine «ungeheure Steigerung des Angst- und Furchtgefühls». Sie tritt nicht wie der Zweifel im inneren Erlebnis oder sogar im Traumbewusstsein auf, das auf die Vergangenheit gerichtet ist, sondern in der Begegnung mit der äußeren Welt, an den «äußeren Naturvorgängen». Es kommt hier zu einem Anstoßen an die Sinneswelt mit ahrimanischen Bewusstseinswirkungen – wie es oben bereits skizziert wurde –, die aus der Zukunft hereinscheinen. Lässt man das im folgenden Vortrag geschilderte Bild auf sich wirken, empfindet man eine Ausatmungstendenz, die an keine Grenzen stößt; sie ist ein Gegenpol zur Atmungsunterdrückung des Albdrucks beim Zweifel. Es lässt sich also wiederum eine Polarität ausmachen zwischen einer Atemstockung beim Zweifel und dem Sich-Verlieren im Atmen bei der schreckvollsten Verwirrung. Den verwirrenden Schreck kann man nach der heute in der Psychologie üblichen Begrifflichkeit auch als «Dissoziation» bezeichnen (vgl. Kapitel VIII).

Es gibt ein Gefühl, das sofort auftreten würde, wenn die Menschen das Geistige so ohne Weiteres sehen würden. Wenn der Mensch das Geistige sofort sehen würde, ohne die Vorbereitung und Reife, die er durch das Miterleben der Naturvorgänge erwirbt, so würde er ein Gefühl erleben, das man nur ausdrücken könnte mit dem Wort: verwirrender Schreck, oder schreckenvollste Verwirrung. Denn die Erscheinungen sind so großartig und gewaltig, dass die menschlichen Begriffe, die wir uns im gewöhnlichen Leben aneignen, wenn wir noch so viel erlernen, wahrhaftig nicht hinreichen, um diesen verwirrenden Anblick zu ertragen; der Mensch würde von einem Gefühle schreckvoller Verwirrung ergriffen werden, von einer ungeheuren Steigerung des Angst-

und Furchtgefühles. So wie der Mensch von Scham verbrennen würde, wenn er in sein eigenes Innere hinuntersteigen würde ohne Vorbereitung, so würde er, wenn er in das Geistige der Außenwelt hineinsehen würde ohne Vorbereitung, förmlich erstarren vor Furcht, weil er sich wie in ein Labyrinth geführt empfinden würde. Nur dann, wenn die Seele sich vorbereitet durch solche Begriffe und Vorstellungen, welche sie über das gewöhnliche Erleben hinausführen, dann kann sie nach und nach sich gewöhnen, hinter die Sinneswelt zu schauen. Heute ist es ja durch das intellektuelle Leben nicht möglich – das wurde schon angedeutet –, dass der Mensch das durchmacht, was die Menschen damals in den nordischen Mysterien erlebten. Durch sein intellektuelles Leben kann der Mensch nicht mehr diese Steigerung der Frühlings- und Herbstempfindungen erleben. Heute denken die Menschen ganz, ganz anders als damals. Das Denken war dazumal noch nicht so ausgebildet. Die Intellektualität entwickelte sich erst nach und nach. Und mit der Entwicklung der Intellektualität ging für den Menschen auch die Möglichkeit verloren, solches durchzumachen. Aber der Mensch kann es in einer gewissen Beziehung im Spiegelbilde durchmachen auf eine indirekte Weise, dadurch, dass er diese Empfindungen nicht an den äußeren Naturvorgängen selbst erlebt, sondern an den Schilderungen und Beschreibungen, welche ihm aus geistigem Schauen heraus über die geistige Welt und ihre Zusammenhänge gegeben werden.

Dass die Polarität von Zweifel und schreckvollster Verwirrung nicht nur an der Schwelle der geistigen Welt auftritt, sondern auch in anderen Situationen zu spezifischen pathologischen Phänomenen führt, wird im fünften und achten Kapitel aufgezeigt.

V. DIE POLARITÄT VON SKEPTIZISMUS UND KLAUSTROPHOBIE, ASTRAPHOBIE, AGORAPHOBIE

Von besonderer Bedeutung für das psychopathologische und psychotherapeutische Verständnis der Angststörungen sind Rudolf Steiners Vorträge über die «Grenzen der Naturerkenntnis» (GA 322). Er hielt sie während des ersten anthroposophischen Hochschulkurses vom 27. September bis 3. Oktober 1920 in Dornach. In diesen Vorträgen werden die pathologische Grübel- und Zweifelsucht, der pathologische Skeptizismus, von den Erscheinungen der Klaustrophobie, Astraphobie und Agoraphobie unterschieden. Nach heutigen Begriffen handelt es sich zum einen um Gedanken-Zwangserkrankungen, zum anderen um Agoraphobie. Die von Rudolf Steiner noch verwendeten Begriffe Klaustrophobie und Astraphobie sind heute in der wissenschaftlichen Nomenklatur der Psychologie nicht mehr gebräuchlich.

Die Grübel- oder Zweifelsucht wird als unbewusste Inspiration geschildert. Sie ist in der übersinnlichen Bewusstseinssphäre angesiedelt, in der der Geistesschüler «zum musikalisch-tonlosen Worterleben, zum Wesenserleben durch Inspiration» gelangen kann. Dies bedeutet, dass, wie oben in Kapitel II angeführt, die Menschheit bereits unbewusst über die Schwelle der geistigen Welt gegangen ist und die Menschen dadurch geistige Wahrnehmungen haben, die aber im Unbewussten bleiben. Diese unbewussten Wahrnehmungen sind jedoch keineswegs folgenlos; sie erscheinen vielmehr schon zu Lebzeiten Rudolf Steiners als «neuartige» Krankheitsbilder. Dabei schildert Steiner die jeweiligen Krankheitszustände sehr genau und plastisch, so wie sie auch heute noch charakterisiert werden.

Es wird ja, wie vielleicht einige von Ihnen wissen, seit einer gewissen Zeit eine merkwürdige Krankheit beschrieben. Diese Krankheit, man nennt sie unter Psychiatern, unter Psychologen, die pathologische Grübel-, Zweifelsucht, man nennt sie vielleicht besser den pathologischen Skeptizismus. Diese Krankheit tritt einem in den merkwürdigsten Formen und schon in zahlreichen Exemplaren deutlich entgegen, und es ist schon notwendig, dass das Studium dieser Krankheit gepflegt wird aus unseren wirklichen Kulturbedingungen der neuesten Zeit heraus. Es tritt diese Krankheit – Sie können darüber in der psychiatrischen Literatur vieles erfahren – dadurch zutage, dass die Menschen von einem gewissen Lebensalter an, das in der Regel mit der Geschlechtsreife oder mit der Vorbereitung zur Geschlechtsreife zusammenhängt, dass die Menschen da anfangen, der Außenwelt gegenüber, die sie erleben, keine rechte Stellung mehr einnehmen zu können, dass sie befallen werden gegenüber ihren Erfahrungen in der Außenwelt von einer unbegrenzten Zahl von Fragen. Es gibt Persönlichkeiten, welche, wenn sie von diesen Krankheiten zunächst befallen sind, einfach, trotzdem sie sonst vollständig vernünftig sind, trotzdem sie ihren Obliegenheiten in hohem Maße nachgehen können, trotzdem sie völlig überschauen ihren Zustand, wenn sie nur ein wenig abgezogen werden von dem, was sie an die äußere Welt fesselt, dass sie dann die kuriosesten Fragen stellen müssen. Diese Fragen treten einfach herein in das Leben. Diese Fragen können nicht abgewiesen werden. Sie treten insbesondere stark bei denjenigen auf, die mit einer gesunden, sogar mit einer vorwaltend gesunden Organisation – aber mit einer solchen Organisation, die ein offenes Herz, einen offenen Sinn und ein gewisses Verständnis gerade hat für die Art und Weise, wie die moderne Wissenschaft denkt – die moderne Wissenschaft erleben, sodass sie dann gar nicht wissen, wie ihnen unterbewusst aus dieser modernen Wissenschaft diese Fragen aufsteigen. Insbesondere treten solche Erscheinungen bei Damen auf, welche weniger robuste Naturen haben als die Männer, welche dann auch nicht aus den streng disziplinierten Literaturwerken, sondern mehr aus Laien- oder Dilettantenwerken die moderne Wissenschaft aufnehmen, wenn sie sich hineinversetzen in dasjenige, was die Ergebnisse des modernen Denkens sind. Und dann namentlich, wenn eine solche Bekanntschaft mit dem modernen Denken in intensiverem Maße hineinfällt in die Vorbereitung zur Geschlechtsreife oder in das Abfluten des Geschlechtsreifwerdens, dann treten solche Zustände in hohem Maße bei solchen Persönlichkeiten auf. Sie bestehen darin, dass die betreffende Persönlichkeit fragen muss: Ja, woher kommt die Sonne? Und wenn man ihr noch so gescheite Antworten gibt, so taucht immer aus einer Frage eine andere auf. Woher kommt das menschliche Herz? Warum schlägt das menschliche Herz? Habe ich nicht in der Beichte zwei oder drei Sünden vergessen? Was ist geschehen, als ich das Abendmahl genommen habe? Sind da nicht vielleicht einige Bröselchen der Hostie heruntergefallen? Habe ich nicht da oder dort einen Brief einstecken wollen und ihn danebengeworfen? Und ich könnte Ihnen eine ganze lange Litanei von solchen Fragen aufzählen, und Sie würden sehen daraus, dass alles das sehr geeignet ist, in fortwährender Unbehaglichkeit den Menschen zu erhalten.

Wenn der Geistesforscher diese Sache zu überschauen hat, so möchte ich sagen, kennt er sich darinnen aus. Es ist einfach ein Heraustreten desjenigen, worinnen sich der Geistesforscher bewusst befindet, wenn er zum musikalisch-tonlosen Worterleben, zum Wesenserleben durch Inspiration kommt. Aber solche mit Zweifelsucht, mit Grübelsucht behaftete Menschen, die kommen hinein in diese Region auf unbewusste Art. Sie haben keine Kulturerfahrung, die danach ginge, den Zustand, in den sie hineinkommen, wirklich zu begreifen.

Wie der Skeptizismus als unbewusste Inspiration aufgefasst werden kann, so stehen die polaren Phänomene Klaustrophobie, Astraphobie und Agoraphobie in Verbindung zur Imagination. Wie schon erwähnt, ist von diesen Begriffen heute nur noch die Agoraphobie gebräuchlich. Bei dem damit bezeichneten Phänomen handelt es sich um eine unbegründete Furcht, bestimmte Orte oder Situationen aufzusuchen, sodass diese gemieden oder nur mit Angsterleben aufgesucht werden. Rudolf Steiner verwendet zur Beschreibung dieser Grenzerfahrungen der Seele noch eine andere Begrifflichkeit. Der Skeptizismus entsteht an der «inneren Grenze der Seele», die Steiner entsprechend der dort vorherrschenden luziferischen Wirkungen «Materiegrenze» nennt, während Klaustrophobie, Astraphobie und Agoraphobie an der Grenze zur Sinneswelt angesiedelt sind, an der «Bewusstseinsgrenze», wo die ahrimanischen Wesen ihre Wirkungen ausüben.

Die Erkrankungen können gemäß Rudolf Steiner «kulturhistorisch» durch die Übungen der Inspiration bzw. Imagination geheilt werden. Das hieße ganz allgemein, die Übungen für Imagination und Inspiration, wie sie in den Schriften «Wie erlangt man Erkenntnisse der höheren Welten?» und «Die Geheimwissenschaft im Umriss» aufgeführt sind, zu praktizieren, wobei der Ausdruck «kulturhistorisch» im Gegensatz zur individuellen Therapie zu verstehen wäre.

Es treten uns auf der andern Seite, gegen die Bewusstseinsgrenze hin, ebenso die Erscheinungen der Klaustrophobie, der Astraphobie, der Agoraphobie entgegen, wie uns die Zweifelsucht entgegentritt nach der Materieseite hin. Und ebenso – das werden wir noch zu besprechen haben –, wie die pathologische Zweifelsucht durch das Kultivieren der Inspiration kulturhistorisch geheilt werden muss, wie das eine der großen sozialethischen Aufgaben der Gegenwart ist, so ist das drohende Hereinbrechen derjenigen Erscheinungen, die ich morgen noch werde zu besprechen haben, der Klaustrophobie, der Astraphobie, der Agoraphobie, das andere, das störend auftritt, und das wir durch die Imagination werden bezwingen können, die wir der modernen Zivilisation zum sozialen Heile der Menschheit werden einzufügen haben.

Die Notwendigkeit der Imagination für die Erkrankungen an der «Bewusstseinsgrenze» zur Überwindung von Klaustrophobie, Astraphobie und Agoraphobie wird im Weiteren besonders betont und ausgeführt.

Und ohne das Vorrücken in dieses Leben der Imaginationen kommt die moderne Psychologie nicht weiter. Einzig und allein dadurch, dass zu Imaginationen vorgerückt werden wird, wird eine Psychologie, die über eine bloße Wortklauberei hinwegkommt, wiederum entstehen können, eine Psychologie, die wirklich hineinschaut in den Menschen.

Und ebenso wie jetzt die Zeit da ist, dass der Mensch sich herauslebt durch die allgemeinen Kulturverhältnisse aus seinem physischen Leibe, dass er entgegenstrebt der Inspiration, [...] ebenso ist jetzt die Zeit da, dass der Mensch, wenn er sich selber erkennen will, zur Imagination sich hingeleitet fühlen muss. Der Mensch muss tiefer in sich hinein, als er es brauchte gegenüber den bisherigen Kulturverläufen. Der Mensch muss, wenn die Entwicklung nicht in die Barbarei hineinkommen soll, zu einer wahren Selbstschau kommen. Und das kann er nur durch das Entgegennehmen der Erkenntnis durch Imagination. Dass der Mensch in dieser Weise in sein Inneres hineinstrebt, dass er tiefer da untertauchen will in dem Inneren, als das im bisherigen Kulturverlauf der Fall ist, das zeigt sich uns wiederum an demjenigen, was als entstehende pathologische Krankheitsbilder in der besonderen modernen Form erst in jüngster Zeit beschrieben wird von denjenigen, die solches vom Gesichtspunkte der Psychiatrie oder der Medizin überhaupt studieren können. Das zeigt uns vor allen Dingen das Erscheinen der Agoraphobie, das Erscheinen der Astraphobie, der Klaustrophobie, Krankheitsformen, die in unserer Zeit besonders häufig auftreten. Und wenn sie in der Regel auch erst in ihrem psychiatrisch zu nehmenden Zustande beobachtet werden, dem feineren Beobachter aber ergibt sich noch etwas ganz anderes. Er sieht Agoraphobie, Astraphobie und so weiter im reinen Seelischen schon herauftauchen in der Menschheitsentwicklung, wie er die Inspiration herauftauchen sah in krankhafter Weise bei Friedrich Nietzsche, er sieht herauftauchen vor allen Dingen in den äußerlich oftmals noch als normal angesehenen Seelenzuständen dasjenige, was in Agoraphobie, in der Platzfurcht, in der Raumesfurcht auftritt. Er sieht herauftauchen dasjenige, was herauftaucht in der Astraphobie, wenn die Leute etwas innerlich verspüren und nicht recht wissen, wie sie damit zurechtkommen, wenn dieses Innerlich-Verspüren so weit geht, dass zum Beispiel ihre Verdauungsorgane ergriffen werden und ihre Verdauung dadurch gestört wird. Er lernt erkennen dasjenige, was man nennen könnte Einsamkeitsfurcht, Klaustrophobie, wenn die Menschen nicht allein sein können, wenn sie in krankhafter Weise immer und überall nur sein können, wenn sie dabei Gesellschaft um sich haben und dergleichen. Diese Dinge kommen herauf. Diese Dinge zeigen, wie die Menschheit gegenwärtig nach der Imagination hin strebt und wie ein Übel, das sonst ein Kulturübel werden müsste, nur durch die Imagination bekämpft werden kann. Platzfurcht – sie ist ja ein Übel, das sich bei manchen Menschen in einer erschreckenden Weise zeigt. Diese Menschen wachsen heran. Von einem gewissen Zeitpunkte ihres Lebens zeigen sich bei ihnen merkwürdige Zustände. Wenn sie aus einer Haustüre heraustreten auf einen Platz, der vielleicht menschenarm ist, so befällt sie eine für sie unergründliche Angst. Sie fürchten sich vor etwas, sie getrauen sich nicht einen Schritt weiter zu machen auf dem leeren Platze, und wenn sie einen Schritt weiter machen, dann kann es ihnen passieren, dass sie in die Knie sinken oder vielleicht sogar umfallen, dass sie von einer Ohnmacht befallen werden. In dem Augenblicke, wo nur ein Kind kommt, ergreift der Betreffende den Arm des Kindes oder er hält nur seine Hand an den Körper des Kindes hin, und in diesem Augenblick fühlt er sich wiederum innerlich durchkraftet, die Agoraphobie geht zurück.

Näheres zu dem von Rudolf Steiner empfohlenen Übungsweg findet sich im neunten Kapitel «Heilsame Aspekte des anthroposophischen Schulungswegs».

VI. VOM URSPRUNG DER PANIK

Zu den Angststörungen gehört auch die Panik, deren Bezeichnung Sigmund Freud bekanntlich aus der griechischen Mythologie ableitete, von dem Hirtengott Pan, der in der Mittagsstille aufgestört eben einen solchen «panischen» Schrecken verbreitete. Phänomenologisch betrachtet, handelt es sich bei der Panik nach dem Klassifikationssystem der Weltgesundheitsorganisation um «wiederkehrende Phasen intensiver akuter Angst, die sich nicht auf eine bestimmte Situation beziehen. Vegetative Begleitsymptomatik, [...] intensive Gefühle der Bedrohung bis hin zu Ängsten zu sterben oder verrückt zu werden, [und] Entfremdungsgefühle können hinzutreten» (nach ICD-10).

Panik tritt meist dann auf, wenn das Ich sich in einer Ruhestimmung vom Leib gelöst hat und die Kräfte seines «Elementarleibes» nicht mehr zusammenhalten kann. Die als «Panikattacke» bezeichnete Reaktion entwickelt sich schleichend, wobei die Betroffenen nicht genau angeben können, wann es begonnen hat. Trotzdem haben sie bereits nach kurzer Zeit den Eindruck, dass der Zustand der Panik schon ewig besteht und sich nicht mehr ändern wird, was jedoch niemals geschieht. Im Gegenteil kann man damit rechnen, dass die Panikattacke meist nach einer halben, spätestens nach zwei Stunden wieder vollständig abgeklungen ist.

Rudolf Steiner spricht im Vortrag vom 9. September 1910 von der mythologischen Figur des Pan und ihrer Bedeutung im Hinblick auf das menschliche Seelenleben.

So ist zum Beispiel der Prometheus-Mythus zu einem Teil Wiedergabe von Handlungen in den Mysterien, und so viele andere Mythen auch. So zum Beispiel finden wir wiederholt jene Darstellung, wo uns Zeus erscheint, neben ihm eine niedere Gottheit, die – wie man es im griechischen Sinne durchaus ausdrücken konnte – dazu bestimmt ist, Zeus zu versuchen. «Pan, den Zeus versuchend.» Auf einer Anhöhe Zeus, Pan neben ihm und Zeus versuchend, das finden Sie in der verschiedensten Weise dargestellt. Wozu wurden solche Darstellungen gegeben? Weil sie ausdrücken sollten den Vorgang des Hinuntersteigens des Menschen in das Innere, da, wo er antrifft seine eigene niedere Natur, die egoistische Pan-Natur, wenn er in den physischen Leib und Ätherleib hinuntersteigt. – Und so ist die ganze alte Welt voll von Darstellungen solcher Vorgänge, die sich abspielten, wenn die Einzuweihenden den Weg in die geistige Welt durchmachten, und die in den Mythen und Symbolen künstlerisch wiedergegeben werden.

Geisteswissenschaftlich kann man es auch so beschreiben, dass der Mensch ohne Bewusstsein in die elementar-geistige Atmosphäre des Leibes tritt, was sich zum Beispiel in zusätzlichen Entfremdungsgefühlen zeigen kann. Der von Panik Betroffene steigt also ohne sein Ich-Bewusstsein in den Leib, wie dies in ähnlicher Weise beim «pathologischen Skeptizismus» bezogen auf seine Seele der Fall ist (siehe Kapitel V).

Da diese Störung durch das Wirken Luzifers bedingt ist, das am Materiepol des Menschen ansetzt, sie mithin ebenfalls als eine unbewusste Inspiration verstanden werden kann, ergibt sich bei Hinzutreten der Agoraphobie, die durch ahrimanisches Wirken an der «Bewusstseinsgrenze» verursacht ist, eine Kombination von unbewusster Inspiration in der Panik und unbewusster Imagination in der Agoraphobie.

Es ist in diesem Zusammenhang aufschlussreich, dass die Panik häufig zur Agoraphobie hinzutritt und im internationalen Klassifikationssystem ICD-10 entsprechend kodiert ist. Im amerikanischen Diagnosesystem der psychischen Störungen, dem DSM-5, existiert nur die Panik als umfassende diagnostische Einheit, für die Agoraphobie gibt es dort keine eigene Kategorie.

VII. DIE SORGE

Die Sorge ist eine Kategorie der Angststörungen, die früher nach der psychoanalytischen Theorie «neurotische Angst» genannt wurde und heute als «generalisierte Angststörung» bezeichnet wird. Dabei handelt es sich nicht um eine bestimmte, situationsorientierte, sondern um eine «frei flottierende» Angsterscheinung. Es treten dabei nervöse Schwächen wie Zittern oder Verkrampfungen auf, häufig auch eine mürrische Verstimmung mit existenziellen oder Krankheitsängsten bis hin zu unbegründeter Todesangst. Bei Rudolf Steiner findet sich diesbezüglich der Hinweis auf die Furcht vor dem «aktiven Denken» und die Neigung, diese schon in der Erziehung zu übernehmen.

Mit dem aktiven Denken ist dabei diejenige Denkart gemeint, die in der «Philosophie der Freiheit» als zu entwickelnde beschrieben wird. Es besteht, so heißt es im Vortrag vom 5. Januar 1919, «überall eine gewisse Furcht vor dem, was so notwendig hereindringt als die erste Morgenröte des Zusammenhangs mit der geistigen Welt, eine gewisse Furcht vor dem aktiven Denken».

Diese Grundtendenz des passiven Denkens, des unklaren Durchdenkens einer Situation, des nicht die wirklichen, sondern nur die oberflächlichen Zusammenhänge sehen Wollens, hält den Menschen zurück, dass er nicht «über sich hinaus kommt». Doch gilt es gerade, so Steiner, sich zu lösen: «Loslösen muss man sich von seinen engsten Interessen. Man muss etwas loskommen von seiner unmittelbaren Persönlichkeit.»

Die weitverbreitete Haltung eines passiven, sich festklammernden Denkens ist Grundlage für das Aufgehen in den Alltagssorgen und das verstärkte Mitempfinden des eigenen Leibes als den wesentlichen Erscheinungen der «neurotischen Ängste».

Da gehen zum Beispiel Menschen im Leben herum, die sind mürrisch, hypochondrisch, von düsterem Temperament, werden mit ihrem eigenen Seelenleben nicht fertig, und es wirkt dieses eigene Seelenleben wieder zurück auf ihren physischen Organismus. Sie sind ängstliche Naturen geworden, und man kann beobachten, wie die Angst, wenn sie ewig andauert im Leben, den Organismus in seiner Gesundheit bis ins Physische untergräbt. Kurz, es gehen Menschen herum, die in einem späteren Lebensalter melancholisch, von düsterem Temperament sind, auch wohl mit sich selber schwer fertig werden und in der verschiedensten Weise unausgeglichene Naturen sind. Würden wir nun den Ursachen eines solchen Benehmens nachforschen, so würden wir finden, dass solche Menschen wenig Gelegenheit gehabt haben, in früheren Perioden ihres physischen Daseins das durchzumachen, was man nennen kann: ein idealistisches Übergreifen der Gedanken über die Handlungen des Menschen, ein Größersein der Gedanken, als die Handlungen sind.

Solche Dinge beobachtet man im gewöhnlichen Leben nicht, aber die Wirkungen stellen sich sehr wohl ein. Die Wirkungen sind da, und gar mancher fühlt sehr stark diese Wirkungen, fühlt sie als seine ganze Lebensstimmung, als seine ganze Seelenstimmung und auch in seiner körperlichen Verfassung.

Wie diese Neigung zu Sorgen durch die Erziehung entstehen kann, hat Rudolf Steiner wie folgt beschrieben:

Angenommen, es befinde sich an der Seite des Kindes ein sorgenvoller Mensch, ein solcher, der auch Grund hat, Sorgen zu entwickeln. Beim reifen Menschen kommt nur schwach dasjenige zur Offenbarung, was als physische Wirkung dieser seelischen Sorgen in Konstitution, Mimik und Bewegung in seinem Körper ist. Wenn wir Sorgen haben, so ist immer unser Mund etwas trocken. Und wenn bei gewissen Menschen die Sorge habituell wird, wenn sie dauert, dann gehen diese mit immer trockenem Munde, mit klebender Zunge, mit einem bitteren Geschmack im Munde herum; sogar mit leichter Atembeklemmung. Beim erwachsenen Menschen sind diese physischen Zustände nur leise Untertöne des Lebens.

Das Kind, das neben den Erwachsenen heranwächst, ist aber ein Imitator auch der schwächsten physischen Zustände des Erziehers. Es richtet sich ganz nach dem physiologischen Ausdruck, nach dem, was es wahrnimmt, nach der Art und Weise, wie der Erwachsene sorgenvoll spricht, sorgenvoll empfindet, ein, weil es ja ganz Sinnesorgan ist. Imponderable Wechselwirkungen spielen sich ab zwischen dem Erwachsenen und dem Kinde.

Hat der Erwachsene Sorge, die seelisch ist, aber sich in den physischen Folgezuständen offenbart, so nimmt das Kind als Imitator die physischen Folgen wahr und gestaltet das eigene Innere darnach, wie sich das Auge mit Lichtwirkung durchdringt. Das Kind nimmt eine innerliche Geste, eine innerliche Mimik auf, was sich durch die klebrige Zunge, den bitteren Geschmack offenbart. Es entwickelt sich bei ihm durch den ganzen Organismus hindurch ein konstitutioneller Abdruck des physischen Erlebens beim Erwachsenen. Es nimmt das in die Länge gezogene Blasswerden des Gesichtes an, das der sorgenvolle Erwachsene hat, aber es kann den seelischen Inhalt der Sorge nicht in sich aufnehmen; es imitiert nur die physische Folge der Sorge. Und das Ergebnis ist, dass beim Kinde sogleich seine physische Konstitution von den geistigen Formkräften, die im Sinnes-Nervensystem ihren Sitz haben, ergriffen wird. Die inneren physischen und feineren Organe bauen sich im Sinne dessen auf, was das Kind an physischem Abbild der Sorge in sich aufgenommen hat. Es bekommt einen zur Sorge disponierten Organismus, der später auch leicht Lebenseindrücke aufnimmt, die eine andere Konstitution nicht dazu treiben. Das Kind wird auf diese Art zu einem sorgenvollen Menschen durch seinen physischen Organismus erzogen.

In dem Text erscheinen die Grundsymptome der neurotischen Angst im Zusammenhang mit der erworbenen oder durch die Erziehung übernommenen Neigung zur Sorge als (neurotischer) Entwicklungsprozess.

Aus der psychiatrischen Erfahrung ist auch bestätigt, dass viele an «neurotischen Ängsten» Erkrankte häufig mehrere andere psychische Störungen gleichzeitig haben. Es ist ferner bekannt, dass diese Erkrankungsform, die als konstitutionelle Störung transgenerational (sozial, durch die Generationenfolge) erworben und weitergegeben wird, die Grundlage zur Entwicklung anderer psychischer Störungen gibt.

VIII. DIE VIELSCHICHTIGKEITEN DER SCHRECKVOLLSTEN VERWIRRUNG

Die schreckvollste Verwirrung kann als erlebnisbildhafter Begriff für die Reaktion auf ein seelisch traumatisches und dissoziativ wirkendes Ereignis angesehen werden. Zentral für das Eintreten schreckvollster Verwirrung ist eine momentane Überforderung und Hilflosigkeit, auf eine völlig unerwartet eintretende Situation adäquat zu reagieren. Die direkte Folge davon ist die Verwirrung, sodass der Zusammenhang der Geschehnisse nicht mehr gefunden werden kann. Denn durch die schreckvollste Verwirrung wird ein seelisch-leiblicher Zustand provoziert, in dem die Wesensglieder nicht mehr sinnvoll zusammenwirken. Die physiologische Reaktion ist eine über schreckhaftes Erblassen hinausgehende Erstarrung, die auch als «Freezing» bezeichnet wird. Diese Erstarrung kann nur durch eine Schamreaktion überwunden werden, die das Blut wieder in die Gliedmaßen strömen lässt. Die Schamreaktion bedeutet emotional jedoch, dass die betroffene Person zumindest eine Mitverantwortung für das Ereignis übernimmt, was wiederum die Grundlage ist für die künftige – unberechtigte – Schuldüberzeugung des Opfers.

Wenn der Reaktionszustand nicht abklingt oder sich bei immer wiederkehrenden Erinnerungen aufdrängt und neuerlich schreckvollste Verwirrung auslöst, so hat man es mit einer sogenannten Traumfolgestörung zu tun oder einer, wie es in der psychiatrischen Nomenklatur heißt, «akuten» oder «posttraumatischen Stress- bzw. Belastungsstörung».

Bei Rudolf Steiner finden sich Beschreibungen zu den einzelnen akuten oder posttraumatischen Stresserscheinungen: Neben der erwähnten Scham- und Schreckreaktion behandelt er die Veränderungen von Gedächtnis und Erinnerung, die Albträume, das Phänomen der stressbedingten Dissoziation der Wesensgliederlockerungen als Trennungszustände von Leib und Seele, wie sie auch in der heutigen Psychiatrie erfasst werden. Eine besondere geisteswissenschaftliche Phänomenologie findet sich dort, wo er die Kräfte bindende Wirkung auf einzelne Wesensglieder beschreibt, die dann durch luziferische oder ahrimanische Elementarwesen wie «besetzt» erscheinen. Die Wirkungen können sowohl von den traumatisierenden Personen wie auch – aufgrund des vermeidenden Umgangs mit den Ursachen der Schädigung – durch die vom Trauma Betroffenen verursacht sein. Generelle Voraussetzung ist, dass die Traumatisierung durch Menschen und nicht durch Naturvorgänge verursacht wurde. Es ist hierbei eine allgemeine Erfahrung, dass die menschenbedingten Wirkungen viel stärker nachwirken als die durch Naturkatastrophen bedingten, was seinen Grund wiederum in der Beeinflussung der menschenerzeugten Elementarwesenheiten haben dürfte.

Die eindrücklichste Erscheinung der Dissoziation tritt auf, wenn es durch eine lebensbedrohende Situation zu einem Nahtoderlebnis kommt. Hierüber schreibt Rudolf Steiner in der «Geheimwissenschaft im Umriss», dass dies mit der Herauslösung des Ätherleibs aus dem physischen Leib zusammenhängt, in dem alle Erinnerungen gespeichert sind. Im Gegensatz zu den traumatischen Erlebnissen kommt es bei Nahtoderlebnissen aber meist nicht zu einer seelischen Erkrankung, sondern häufig zu einem neuen Bewusstsein, im Leben zu stehen, es zu gestalten.

Einzigartig ist hier die Schilderung Rudolf Steiners über die Bedingungen für die Nahtoderlebnisse. Er schildert dies so, dass dabei der Ätherleib vom physischen Leib getrennt sei und nicht auch der Astralleib vom Ätherleib. Dies gibt einen Hinweis darauf, dass bei einer weitergehenden Lockerung der Wesensglieder das Nahtoderlebnis bei der schreckvollsten Verwirrung ausbleibt und dafür die traumatische Wirkung der Dissoziation aller Wesensglieder auftritt.

Während der Verbindung des Menschen mit seinem physischen Leibe tritt die äußere Welt in Abbildern ins Bewusstsein; nach der Ablegung dieses Leibes wird wahrnehmbar, was der Astralleib erlebt, wenn er durch keine physischen Sinnesorgane mit dieser Außenwelt verbunden ist. Neue Erlebnisse hat er zunächst nicht. Die Verbindung mit dem Ätherleibe hindert ihn daran, etwas Neues zu erleben. Was er aber besitzt, das ist die *Erinnerung* an das vergangene Leben. Diese lässt der noch vorhandene Ätherleib als ein umfassendes, lebensvolles Gemälde erscheinen. Das ist das erste Erlebnis des Menschen nach dem Tode. Er nimmt das Leben zwischen Geburt und Tod als eine vor ihm ausgebreitete Reihe von *Bildern* wahr. Während dieses Lebens ist die Erinnerung nur im Wachzustand vorhanden, wenn der Mensch mit seinem physischen Leib verbunden ist. Sie ist nur insoweit vorhanden, als dieser Leib dies zulässt. Der Seele geht nichts verloren von dem, was im Leben auf sie Eindruck macht. Wäre der physische Leib dazu ein vollkommenes Werkzeug: es müsste in jedem Augenblicke des Lebens möglich sein, dessen ganze Vergangenheit vor die Seele zu zaubern. Mit dem Tode hört dieses Hindernis auf. Solange der Ätherleib dem

Menschen erhalten bleibt, besteht eine gewisse Vollkommenheit der Erinnerung. Sie schwindet aber in dem Maße dahin, in dem der Ätherleib die Form verliert, welche er während seines Aufenthaltes im physischen Leibe gehabt hat und welche dem physischen Leib ähnlich ist. Das ist ja auch der Grund, warum sich der Astralleib vom Ätherleib nach einiger Zeit trennt. Er kann nur so lange mit diesem vereint bleiben, als dessen dem physischen Leib entsprechende Form andauert. – Während des Lebens zwischen Geburt und Tod tritt eine Trennung des Ätherleibes nur in Ausnahmefällen und nur für kurze Zeit ein. Wenn der Mensch z. B. eines seiner Glieder belastet, so kann ein Teil des Ätherleibes aus dem physischen sich abtrennen. Von einem Gliede, bei dem dies der Fall ist, sagt man, es sei «eingeschlafen». Und das eigentümliche Gefühl, das man dann empfindet, rührt von dem Abtrennen des Ätherleibes her. (Natürlich kann eine materialistische Vorstellungsart auch hier wieder das Unsichtbare in dem Sichtbaren leugnen und sagen: das alles rühre nur von der durch den Druck bewirkten physischen Störung her.) Die übersinnliche Beobachtung kann in einem solchen Falle sehen, wie der entsprechende Teil des Ätherleibes aus dem physischen herausrückt. Wenn nun der Mensch einen ganz ungewohnten Schreck oder dergleichen erlebt, so kann für einen großen Teil des Leibes für eine ganz kurze Zeit eine solche Abtrennung des Ätherleibes erfolgen. Es ist das dann der Fall, wenn der Mensch sich durch irgendetwas plötzlich dem Tode nahe sieht, wenn er z. B. am Ertrinken ist oder bei einer Bergpartie ein Absturz droht. Was Leute, die solches erlebt haben, erzählen, das kommt in der Tat der Wahrheit nahe und kann durch übersinnliche Beobachtung bestätigt werden. Sie geben an, dass ihnen in solchen Augenblicken ihr ganzes Leben wie in einem großen Erinnerungsbilde vor die Seele getreten ist. Es mag von vielen Beispielen, die hier angeführt werden könnten, nur auf eines hingewiesen werden, weil es von einem Manne herrührt, für dessen Vorstellungsart alles, was hier über solche Dinge gesagt wird, als eitel Phantasterei erscheinen muss. Es ist nämlich für den, welcher einige Schritte in die übersinnliche Beobachtung tut, immer sehr nützlich, wenn er sich mit den Angaben derjenigen bekannt macht, welche diese Wissenschaft für Phantasterei halten. Solchen Angaben kann nicht so leicht Befangenheit des Beobachters nachgesagt werden. [...] Der ausgezeichnete Kriminalanthropologe und auf vielen anderen Gebieten der Naturforschung bedeutsame Forscher Moritz Benedikt erzählt in seinen Lebenserinnerungen den von ihm selbst erlebten Fall, dass er einmal, als er dem Ertrinken in einem Bade nahe war, wie in einem einzigen Bilde sein ganzes Leben in der Erinnerung vor sich gesehen habe. – Wenn andere die bei ähnlicher Gelegenheit erlebten Bilder anders beschreiben, ja sogar so, dass sie mit den Vorgängen ihrer Vergangenheit scheinbar wenig zu tun haben, so widerspricht das dem Gesagten nicht, denn die Bilder, welche in dem ganz ungewohnten Zustande der Abtrennung von dem physischen Leibe entstehen, sind manchmal in ihrer Beziehung zum Leben nicht ohne Weiteres erklärlich. Eine richtige Betrachtung wird diese Beziehung aber immer erkennen. Auch ist es kein Einwand, wenn jemand z.B. dem Ertrinken einmal nahe war und das geschilderte Erlebnis nicht gehabt hat. Man muss eben bedenken, dass dieses *nur* dann eintreten kann, wenn wirklich der Ätherleib von dem physischen getrennt ist und dabei der Erstere mit dem Astralleib verbunden bleibt. Wenn durch den Schreck auch eine Lockerung des Ätherleibes und Astralleibes eintritt, dann bleibt das Erlebnis aus, weil dann wie im traumlosen Schlaf völlige Bewusstlosigkeit vorhanden ist.

Gedächtnis und Erinnerung

Eines der wesentlichen Phänomene bei den Erscheinungen der «schreckvollsten Verwirrung», der Dissoziation, wie sie im psychologischen Sprachgebrauch benannt wird, ist das plötzliche Ins-Bewusstsein-Treten von Erinnerungen. Dieses Phänomen wird auch als Flashback bezeichnet. Beim normalen Erinnerungsvorgang greift das Ich auf die Vorstellungen, die es unbewusst im Ätherleib bis zur Grenze des physischen Leibes gebildet hat, zurück und bringt sie wieder ins Bewusstsein. Das zeitweilige Vergessen ist hier ein aktiver Vorgang, der die Seele bereit macht, neue Erlebnisse aufzunehmen; im Falle der Dissoziation tritt an seine Stelle ein Nicht-vergessen-Können.

In der «Geheimwissenschaft im Umriss» beschreibt Rudolf Steiner zunächst diesen Zusammenhang von Ich und Erinnerung. Kehrt man die dargestellte Argumentation um, so ergibt sich, dass bei einem Nicht-vergessen-Können, wie dies bei traumatischen Erlebnissen häufig der Fall ist, die Offenheit für neue Erlebnisse geschwächt wird.

Für das «Ich» bedeuten Erinnerung und Vergessen etwas durchaus Ähnliches wie für den Astralleib Wachen und Schlaf. Wie der Schlaf die Sorgen und Bekümmernisse des Tages in ein Nichts verschwinden lässt, so breitet Vergessen einen Schleier über die schlimmen Erfahrungen des Lebens und löscht dadurch einen Teil der Vergangenheit aus. Und wie der Schlaf notwendig ist, damit die erschöpften Lebenskräfte neu gestärkt werden, so muss der Mensch gewisse Teile seiner Vergangenheit aus der Erinnerung vertilgen, wenn er neuen Erlebnissen frei und unbefangen gegenüberstehen soll. Aber gerade aus dem Vergessen erwächst ihm Stärkung für die Wahrnehmung des Neuen. Man denke an Tatsachen wie das Lernen des Schreibens. Alle Einzelheiten, welche das Kind zu durchleben hat, um schreiben zu lernen, werden vergessen. Was bleibt, ist die Fähigkeit des Schreibens. Wie würde der Mensch schreiben, wenn beim jedesmaligen Ansetzen der Feder alle die Erlebnisse in der Seele als Erinnerung aufstiegen, welche beim Schreibenlernen durchgemacht werden mussten.

Nun tritt die Erinnerung in verschiedenen Stufen auf. Schon das ist die einfachste Form der Erinnerung, wenn der Mensch einen Gegenstand wahrnimmt und er dann nach dem Abwenden von dem Gegenstande die *Vorstellung* von ihm wieder erwecken kann. Diese Vorstellung hat der Mensch sich gebildet, während er den Gegenstand wahrgenommen hat. Es hat sich da ein Vorgang abgespielt zwischen seinem astralischen Leibe und seinem Ich. Der Astralleib hat den äußeren Eindruck von dem Gegenstande bewusst gemacht. Doch würde das Wissen von dem Gegenstande nur so lange dauern, als dieser *gegenwärtig* ist, wenn das Ich nicht das Wissen in sich aufnehmen und zu seinem Besitztume machen würde. – Hier an diesem Punkte scheidet die übersinnliche Anschauung das Leibliche von dem Seelischen. Man spricht vom *Astralleibe,* solange man die Entstehung des Wissens von einem gegenwärtigen Gegenstande im Auge hat. Dasjenige aber, was dem Wissen Dauer gibt, bezeichnet man als *Seele.* Man sieht aber zugleich aus dem Gesagten, wie eng verbunden im Menschen der Astralleib mit dem Teile der Seele ist, welcher dem Wissen Dauer verleiht. Beide sind gewissermaßen zu einem Gliede der menschlichen Wesenheit vereinigt. Deshalb kann man auch diese Vereinigung als Astralleib bezeichnen. Auch kann man, wenn man eine genaue Bezeichnung will, von dem Astralleib des Menschen als dem *Seelenleib* sprechen, und von der Seele, insofern sie mit diesem vereinigt ist, als der *Empfindungsseele.*

Das Ich steigt zu einer höheren Stufe seiner Wesenheit, wenn es seine Tätigkeit auf das richtet, was es aus dem Wissen der Gegenstände zu seinem Besitztum gemacht hat. Dies ist die Tätigkeit, durch welche sich das Ich von den Gegenständen der Wahrnehmung immer mehr loslöst, um in seinem eigenen Besitze zu arbeiten. Den Teil der Seele, dem dieses zukommt, kann man als *Verstandes-* oder *Gemütsseele* bezeichnen.

Um die geistige Wirklichkeit der Erinnerung kennenzulernen, seien nun drei Darstellungen des von Rudolf Steiner beschriebenen «doppelten Erinnerungsstromes» vorausgenommen, um dann weiter die Dissoziationsphänomene, wie sie besonders bei Traumafolgestörungen der sogenannten «akuten oder posttraumatischen Belastungsstörung» auftreten, zu verfolgen. Dabei verläuft der eine Gedächtnisstrom im bewussten Erkennen der Situation, der andere jedoch, der den eigentlichen Gedächtnisinhalt festhält und erinnerbar macht, im Unbewussten.

Die Welt, in der wir leben, ist nicht nur von dem durchsetzt, was in das augenblickliche Vorstellungsleben durch unser Auge, Ohr an Sinnesinhalt eindringt, was nur ein gegenwärtiges Leben gewinnt, sondern dieser ganzen Welt liegt zugrunde – auch der äußeren Naturwelt selbstverständlich – eine imaginativ zu erfassende Welt, die zunächst nicht zum Bewusstsein kommt. Dasjenige, was in dieser imaginativen Welt ist, das wirkt dem augenblicklichen Vorstellungsleben parallel: Während ich vorstelle, also diese augenblicklichen gegenwärtigen Vorgänge in mir sich abspielen lasse, wirkt ihnen – indem ein Strom unterbewussten Lebens durch meine Seele durchzieht – parallel ein anderer Vorgang. Und dieser andere Vorgang, der führt zu den inneren Spurenbildungen [...], die später beobachtet werden, wenn Erinnerung auftritt.

Tritt also Erinnerung auf, so wird nicht die alte Vorstellung, wie sie irgendwo aufgehoben gewesen wäre, wieder vergegenwärtigt, sondern es wird nach innen angeschaut, was durch einen Parallelvorgang geblieben ist. Erinnerung besteht in einer inneren Wahrnehmung. Im Unterbewussten ist die menschliche Seele zu mancherlei fähig, zu dem sie nicht im Bewussten fähig ist im gewöhnlichen Leben. Und wenn ich den Vorgang, der eintritt, wenn ein sogenanntes vergessenes Ereignis wiederum «in die Erinnerung herauftritt», im groben Sinne – ich betone ausdrücklich: im groben Sinne! – mit etwas vergleichen will, so möchte ich sagen, dieser Vorgang ist ganz ähnlich dem Vorgang der äußeren Wahrnehmung; nur dass ich, wenn ich eine äußere Wahrnehmung habe, das Wahrgenommene in der vorübergehenden, nur gegenwärtigen Vorstellung nachbilde. Was ich aber in der Erinnerung nachbilde, ist eine Ausprägung innerer Wahrnehmung: Ich nehme den stehen gebliebenen Rest des Parallelvorganges innerlich wahr. Erinnerung ist, grob verglichen, ein Lesen der Seele in einer späteren Zeit dessen, was mit der Vorstellungsbildung parallel gegangen ist. Die Seele hat unterbewusst dieses Vermögen, in sich zu lesen, was sich gebildet hat, während ich vorgestellt habe. Damals habe ich es nicht gewusst; denn da war es von der Vorstellung zugedeckt. Jetzt wird es erinnert. Statt dass ich von außen die Sache wahrnehme, nehme ich den eigenen inneren Vorgang wahr. So ist die Wirklichkeit.

Ich weiß sehr wohl, dass ein fanatischer Psychoanalytiker – aber keiner ist nach seiner Meinung fanatisch, das weiß ich auch, selbstverständlich – sagen wird, er könne sich mit einer solchen Auslegung der Erinnerung sehr gut einverstanden erklären. Aber in der Praxis seiner Auseinandersetzungen tut er es eben nie. Wer die Literatur kennt, der weiß, dass es nie geschieht und dass gerade hier die Quelle von unzähligen Fehlern ist: weil man gar nicht weiß, dass es sich nicht um vergangene Vorstellungen handelt, die irgendwo herumbummeln im Unterbewussten, sondern um einen Vorgang, der nur begriffen werden kann, wenn man den dem Vorstellungsleben parallel gehenden Vorgang des Hereinspielens einer imaginativen Welt in unsere Welt wirklich begreift.

Das, was die inspirierte und imaginative Erkenntnis anschauen, das haben sie ja nicht gemacht. Es ist ja gerade so, wie, wenn man mit dem Auge die Kreide anschaut, das Auge die Kreide ja nicht erschafft; sie ist doch da. So ist auch dasjenige da, was da durch inspirative und imaginative Erkenntnis wahrgenommen wird. Also während das gewöhnliche Bewusstsein wirkt, ist das als Realität vorhanden. Es geht ja das alles vor. Es wird nur eben wahrnehmbar durch das übersinnliche Erkennen. Es geht in jedem wachen Augenblick in dem Menschen vor. Dass es aber etwas anderes gibt, als was man wahrnimmt durch das gewöhnliche Bewusstsein, dass es einen Parallelvorgang gibt, den man eben erst wahrnimmt, wenn man das höhere Bewusstsein hat, das zeigt sich durch diese Tatsache. Ich will so sagen: Im gewöhnlichen Leben ist alles das vorhanden, was man mit dem gewöhnlichen Bewusstsein wahrnehmen kann; aber außerdem ist noch all das vorhanden, was man erst mit dem imaginativen, inspirierten Bewusstsein erlangt. Das ist also ein Vorgang, den man im gewöhnlichen Leben nicht kennt. Lernt man ihn durch das höhere Erkennen kennen, dann stellt er sich so dar, dass jetzt erst klar wird, dass die Erinnerungsbilder, die Gedächtnisvorstellungen, wenn wir sie im gewöhnlichen Bewusstsein haben, eben nur Bilder sind. Ihre Realität zeigt sich erst im höheren Bewusstsein, tritt jetzt erst hervor im höheren Bewusstsein, sodass also die Gedächtnisvorstellungen da nicht heraufspazieren, nachdem sie zunächst als die gewöhnlichen Vorstellungen hinuntergegangen sind. Sondern, wenn ich eine Vorstellung mir bilde an einer Sinneswahrnehmung, mich dann von der Sinneswahrnehmung zurückziehe, so ist die Vorstellung da. Dann verschwindet sie nach einiger Zeit. Da sie nur ein Bild ist, ist sie vollständig verschwunden; weg ist sie. Aber die Sinne tun noch etwas anderes: Sie vollziehen einen Prozess, den ich nicht wahrnehme, sie vitalisieren mir in mein Inneres den realen Vorgang für das Vorstellen. Sodass ich, wenn ich eine sinnliche Wahrnehmung habe, durch diese sinnliche Wahrnehmung mir zunächst die Vorstellung bilde (siehe Zeichnung S. 116, rot), dann aber ein zweiter Vorgang da ist (blau), durch den etwas Reales bewirkt wird, nicht ein bloßes Bild. Nun, das Bild verschwindet, wenn ich es nicht mehr habe. Wenn ich mich erinnere, so wirkt, geradeso wie vorher die Sinneswahrnehmung, diese Vorstellung herauf, und ich nehme dasjenige wahr, was real in mir erregt worden ist, als ich die Sinnesvorstellung hatte, was ich nur nicht wusste.

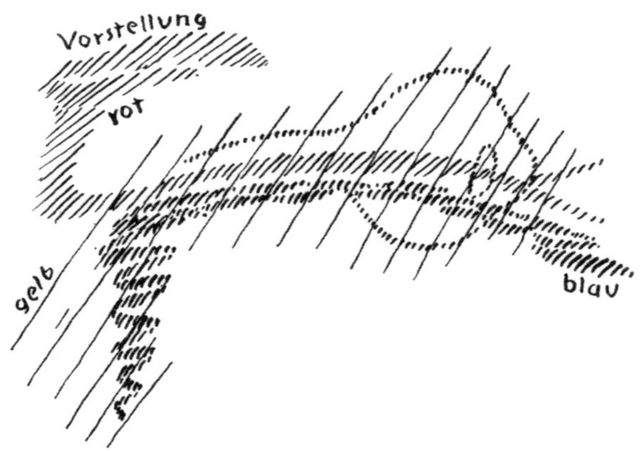

Aber dieses Reale ist das eigentliche Seelische. Wenn Sie heute einen physischen Menschen vor sich haben und Sie beobachten ihn, sagen wir, nach acht, zehn Jahren wiederum, so ist nichts mehr von dem, was heute physisch in ihm ist, nach etwa zehn Jahren vorhanden. Sie schneiden sich die Nägel, von Ihrer Haut fallen die Schuppen; nach außen fällt immerfort der physische Leib ab. Er zerstäubt. Und nach einer solchen Zeit von sieben bis zehn Jahren ist dasjenige, was heute am tiefsten von Ihnen im Inneren ist, gerade so weit nach außen gekommen, dass es als Schuppen oder lange Nägel abstäubt. Sie können ruhig sagen: Dasjenige, was heute irgendwo in der Mitte von Ihnen sitzt, das ist nach und nach außen, wandert, fällt ab. Dieser physische menschliche Leib tropft fortwährend ab. Und was bleibt denn vorhanden? Dasjenige, was einzig und allein vorhanden bleibt von der menschlichen Wesenheit, das ist das, was da als Parallelvorgang (siehe Zeichnung, blau), als das Reale für das Vorstellungsbild nach innen entwickelt wird.

Von dem, was Sie heute sind, sind Sie nach zehn Jahren nichts anderes, als was Sie aufgenommen haben und was Ihnen in der Erinnerung geblieben ist. Sie sind aus Ihren Erinnerungen gewoben; von dem, was Sie vor zehn Jahren waren, ist in Ihnen nichts mehr anderes vorhanden als dasjenige, was Ihre Erinnerung aus Ihnen gewoben hat. Das Physische ist abgeschuppt, das ist weggetropft. Wenn man in einer vernünftigen Weise bloß zusammenschaut, was jeder schon im gewöhnlichen Bewusstsein haben kann, so bekommt man doch durchaus mit dem gesunden Menschenverstand eine Vorstellung davon, dass das so sein muss, wie ich es jetzt mit Zuhilfenahme der Imagination und Inspiration vor Ihnen hier entwickelte.

Ich weiß nicht, ob Sie nicht schon alle […] an sich selber beobachtet haben, wie die Menschenkinder sich helfen, damit ihre Erinnerungen wieder besser heraufkommen. Sie versuchen alles Mögliche zu tun, um das bloße Denken durch das Sinnliche zu verstärken, wenn die Erinnerungen heraufkommen sollen. Denken Sie doch nur einmal, wie mancher paukt, wie er tatsächlich sucht, dasjenige, was er als Gedanke aufnimmt, auch körperlich sich einzuverleiben, wie er das körperliche Einverleiben parallel gehen lässt dem Denken. Wenn er bloß denkt, erinnert er sich nicht daran. Er erinnert sich nur, wenn er das hört, was er selber auswendig lernt, oder wenn er sonst in irgendeiner Weise sein Körperliches beteiligt an dem Auswendiglernen. Es muss, damit wir uns erinnern, eben ein Vorgang parallel gehen dem bloßen Denken. Denn das Denken ist unter allen Umständen, gleichgültig, ob es an der Außenwelt entwickelt wird oder ob es als Erinnerung entwickelt wird von innen heraus, das Denken ist etwas Vorübergehendes. Kein Gedanke wird aufbewahrt, sondern etwas anderes wird aufbewahrt, an dem der Gedanke sich immer wieder neu entzündet. Es ist nicht anders, wenn ich mich erinnere und einen Gedanken fasse, als wenn ich mir an einem Vorgang in der Außenwelt einen Gedanken fasse. Das eine Mal ist es ein Vorgang der Außenwelt, an den es sich anschließt, das andere Mal ist es der Vorgang des inneren Erlebens. Jedenfalls, wenn ich mich erinnere, sind meine Organe in rhythmischer Bewegung, wiederholen meine Organe dasjenige, was sie ausgeführt haben unter dem Eindrucke des Erlebnisses. Wenn ich das Erlebnis zum ersten Mal habe, während ich die Außenwelt beobachte, entwickle ich den Gedanken nur an der Außenwelt. Erinnere ich mich, so entzündet sich der Gedanke an dem Innern, an den Organen, die wiederum so schwingen, wie sie dies taten, als ich das Erlebnis zum ersten Mal hatte.

Zwangsvorstellungen und Depressionen als Traumafolge

Den vorangegangenen Texten kann man entnehmen, dass nur das einfache Erkennen und bewusste Verbinden des Wahrgenommenen mit der Erinnerung sich im physischen «Gehirndenken» abspielt, der Gedächtnisinhalt jedoch schon der geistigen, imaginativen und inspirativen Welt angehört und deshalb nur mit den entsprechenden, geschulten Erkenntnismethoden zugänglich ist. Dies entspricht eben nicht dem Computerbild des Gehirns, nach dem die Gedächtnisdaten an bestimmten Orten abgelegt und dann wieder aufgerufen werden. Vielmehr werden sie jedes Mal, wenn eine Erinnerung gebildet wird, neu aus dem nur dem Imaginativen zugänglichen Wesensbereich des Ätherischen oder Elementarischen ins physische Bewusstsein geholt. Hier begegnet uns also wieder das Gebiet des Elementarischen, diesmal als Grundlage der seelischen Wirklichkeit des Gedächtnisses.

Wie ist die Situation nun aber bei einem traumatischen Erlebnis, bei dem es zunächst keine Vorstellungskraft gibt bzw. das gewöhnliche Vorstellen überfordert und überstiegen wird?

Einen Hinweis dazu kann man in Rudolf Steiners Schilderung im «Heilpädagogischen Kurs» (GA 317) finden, wo ein oberes bewusstes und ein unteres unbewusstes «System» der menschlichen Organisation angenommen wird. Wenn bei einem Erlebnis und der diesbezüglichen Erinnerungsbildung das obere System gegenüber dem unteren zu stark ist (oder allenfalls der Eindruck beim Trauma zu intensiv), dann werden die Gedächtnisinhalte immer wieder wie zwanghaft ins Gedächtnis zurückkehren. Die Erfahrung bei den betroffenen Menschen zeigt, dass sie sich nicht gegen diese unwillkürlichen Erinnerungen oder Flashbacks wehren können.

Dieselbe Reaktionsform liegt auch den Zwangserscheinungen zugrunde, die Rudolf Steiner hier als Beispiel angibt. Menschen, die ein Trauma erlitten haben, neigen häufig zu der Reaktion, die oben als «Zweifelsucht an der seelischen Erlebnisgrenze» beschrieben wurde. Zudem findet sich eine seelische Grundtendenz zur vergangenheitsbetonten «luziferischen» Scham, dem schamhaften Betroffensein gegenüber dem Geschehenen, das auch mit dem Zweifel, ob es wirklich so war, verbunden sein kann. Auch wenn es, wie Fachpersonen betonen, durchaus eine Fähigkeit ist, so zu reagieren, schamfähig und (über-)verantwortungsbewusst zu sein, so ist es für die von einem Trauma Betroffenen natürlich zuerst einmal eine Qual, damit zurechtzukommen, die sich aufdrängenden Gefühle zu akzeptieren und an der äußeren Realität zu prüfen.

Es kann das ganze untere System, das polarisch entgegengesetzt ist dem oberen System, im Menschen zu schwach veranlagt sein. Dann geschehen Eindrücke. Diese Eindrücke prägen sich nicht tief genug dem unteren System ein. Das Ich bekommt einen Eindruck. Ist alles normal, so prägt sich das dem unteren System ein, und es wird nur heraufgeholt in der Erinnerung. Ist das System unten, die Ich-Organisation, die ganz peripherisch herumliegt, zu schwach, prägen sich die Eindrücke nicht stark genug ein, so strahlt fortwährend das, was nicht untertaucht in die Ich-Organisation, nach oben zurück, strahlt in den Kopf hinein.

Wir haben ein Kind, das so organisiert ist. Wir haben ihm einmal, sagen wir, zum ersten Mal eine Uhr gezeigt. Die hat es interessiert. Aber seine Gliedmaßenorganisation ist zu schwach. Dann taucht der Eindruck nicht unter, sondern strahlt zurück. Jetzt beschäftige ich mich mit dem Kinde, fortwährend sagt es: Die Uhr ist schön. – Kaum bin ich ein paar Worte weitergegangen, so sagt es wieder: Die Uhr ist schön. – Es kommt zurück. Auf solche Anlagen, die manchmal nur ganz leise angedeutet sind, die aber außerordentlich wichtig sind, müssen wir die Aufmerksamkeit in der Erziehung des Kindes richten. Denn bringen wir es nicht zustande, die schwache Gliedmaßen-Stoffwechsel-Organisation zu stärken, dann wird das auch immer stärker, dieses Zurückschlagen, und im späteren Leben tritt jene paranoische Erkrankung auf, die mit Zwangsvorstellungen verknüpft ist. Dann wird das zu festen, konsolidierten Zwangsvorstellungen. Es weiß, dass sie sich ganz unrichtig hineinstellen in sein Seelenleben, es kann sie aber nicht abweisen. Warum kann es sie nicht abweisen? Weil da oben das bewusste Seelenleben ist, aber das unbewusste unten ist unbeherrscht, es stößt zurück gewisse Vorstellungen, und es treten Zwangsvorstellungen auf.

Sie sehen, wir haben es da zu tun mit einem zu schwach ausgebildeten Stoffwechsel-Gliedmaßen-System. Was heißt das? Ein zu schwach ausgebildetes Stoffwechsel-Gliedmaßen-System ist dasjenige, welches verhindert, dass die Eiweißsubstanz im menschlichen Organismus die richtige Menge des Schwefels enthält. Also ein Stoffwechselsystem, das schwefelarmes Eiweiß entwickelt. Das kann nämlich da sein. Da gilt eine andere Stöchiometrie als sonst. Dann tritt dieses ein, was ich jetzt beschrieben habe, dass diese sich im kindlichen Organismus ankündigenden Zwangsvorstellungen kommen.

Aber es kann ja auch das Umgekehrte da sein. Das Stoffwechsel-Gliedmaßen-System kann so veranlagt sein, dass es eine zu starke Anziehung zum Schwefel hat: Dann wird das Eiweiß zu schwefelreich. Dann haben wir im Eiweiß Kohlenstoff, Sauerstoff, Stickstoff, Wasserstoff, und im Verhältnis dazu zu viel Schwefel. Wir bekommen dann in dieser Stoffwechselorganisation, die ja namentlich von der Zusammensetzung der Substanzen, die darinnen sind, in ihrer Offenbarung beeinflusst ist, den Drang, nicht alles zurückzustoßen, sondern im Gegenteil: Durch den überreichlichen Schwefel werden die Eindrücke zu stark absorbiert, sie nisten sich da zu stark ein. Das ist noch etwas anderes als das Stauen an der Oberfläche der Organe, das ich das frühere Mal beschrieben habe. Das Stauen bewirkt Krampfzustände. Aber hier haben wir es zu tun nicht mit dem Stauen, sondern mit einem Einsaugen der Eindrücke. Und die Folge davon ist, dass die Eindrücke verschwinden. Wir verursachen, dass das Kind Eindrücke hat, aber wir können nichts machen: Gewisse Eindrücke, nach ihrer besonderen Beschaffenheit, verschwinden hinein in die schwefelreiche Eiweißsubstanz. Und nur, wenn wir es dann dahin bringen, diese Eindrücke aus der schwefelhaltigen Eiweißsubstanz wieder herauszukriegen, dann bringen wir ein gewisses Gleichgewicht im geistig-seelisch-physischen Organismus hervor. Denn dieses Verschwinden der Eindrücke in die Schwefelhaltigkeit hinein bewirkt in der Tat einen höchst unbefriedigenden Seelenzustand, weil es innerlich aufregt. Fein, gelinde regt es auf, macht den ganzen Organismus innerlich fein erbeben.

Sehen Sie, ich habe öfters gesagt: Psychoanalyse ist Dilettantismus im Quadrat, weil der Psychoanalytiker weder die Seele noch den Geist, noch den Körper, noch den Ätherleib kennt, er weiß überhaupt nicht, was da vorgeht, er beschreibt nur. Und weil er nicht mehr kann als beschreiben, sagt er: Die Dinge sind unten verschwunden, man muss sie wieder heraufholen. – Das Merkwürdige ist, dass der Materialismus die Eigenschaften des Materiellen nicht erforschen kann. Sonst würde man wissen, dass dasjenige, was vorliegt, in der Eiweißsubstanz des Willensorganismus, die zu schwefelreich ist, seinen Grund hat. Die Eigentümlichkeit der physischen Substanz findet man erst auf geisteswissenschaftlichem Wege.

Und so wäre es schon gut, wenn derjenige, der abnorme Kinder zu erziehen hat, sich einen Blick dafür aneignet, ob ein Kind schwefelreich oder schwefelarm ist. Wir werden ja von den verschiedensten Formen der seelischen Abnormitäten sprechen können, aber wir sollten uns aneignen die Möglichkeit, wirklich nach bestimmten Symptomen in bestimmte Fährte hingetrieben zu werden. Wenn ich ein Kind zur Erziehung bekomme, bei dem ich sehe, dass Eindrücke zunächst Schwierigkeiten machen, so kann das natürlich zurückzuführen sein auf solche Zustände, wie ich sie in den letzten Tagen beschrieben habe. Es kann aber auch auf das heute Beschriebene zurückzuführen sein. Wie kann ich da vorgehen?

Zunächst sehe ich mir das Kind an. Man hat es zunächst kennengelernt; man muss es kennenlernen. Zunächst sehe ich es mir an und nehme eines der oberflächlichsten Symptome: die Färbung der Haare. Hat das Kind schwarze Haare, so werde ich nicht viel danach suchen, ob es schwefelreich sein könnte; denn wenn es schwarze Haare hat, kann es höchstens schwefelarm sein. Und ich werde dann, wenn abnorme Symptome da sind, sie in irgendeiner andern Sphäre suchen müssen als in einem Schwefelreichtum, höchstens in der Schwefelarmut bei schwarzhaarigen Kindern. Und wenn sich dann noch zeigen wiederkehrende Vorstellungen, so muss ich woanders suchen als im Schwefelreichtum. Habe ich aber ein blondes oder ein rothaariges Kind, so werde ich in der Richtung des Schwefelreichtums der Eiweißsubstanz suchen. Blonde Haare kommen von zu reichlichem Schwefel, schwarze Haare von Eisenhaltigkeit des menschlichen Organismus. So können wir bis in die physische Substanzialität hinein die sogenannten geistig-seelischen Abnormitäten verfolgen.

Nun, nehmen wir einen solchen feuerspeienden Berg, ein schwefelhaltiges Kind, das also gewissermaßen in die Willensregion hineinsaugt die Eindrücke, sodass sie sich darin versteifen und nicht herauskönnen. Diese Erscheinung können wir beim Kinde sehr bald bemerken. Das Kind wird Depressionszuständen unterworfen sein, melancholischen Zuständen. Es quälen diese verborgenen Eindrücke, die da im Inneren sind. Wir müssen sie an die Oberfläche heben, müssen nicht psychoanalytisch im heutigen Sinne vorgehen, sondern im richtigen Sinne psychoanalytisch. Das können wir dadurch, dass wir uns nun bekannt machen mit demjenigen, wovon wir merken, dass es beim Kinde mehr oder weniger verschwindet. Und so sollten wir das Kind, das uns entgegentritt auf der einen Seite mit innerlicher Aufgeregtheit, auf der andern Seite mit einer gewissen äußeren Apathie, so ins Auge fassen, dass wir uns genau bewusst werden: An was erinnert sich dieses Kind leicht, was lässt es in sein Inneres verschwinden? Dasjenige, was ihm nicht wieder auftritt, sollten wir möglichst in rhythmischer Folge immer wieder und wiederum vor das Kind bringen. In dieser Beziehung lässt sich sehr viel tun.

Als physisches Konstitutionsmerkmal bei den Zwangserscheinungen der Zweifelsucht, wie sie oben genannt wurde, nennt Rudolf Steiner den «mangelhaften Schwefelgehalt des unteren Menschen», was in der heutigen Wissenschaft kaum eine Rolle spielt. Der Schwefel ist, äußerlich gesehen, Bestandteil des Eiweißes, das sehr individuell geprägt ist. Interessant ist daher, dass Steiner eine diätetische Behandlungsmöglichkeit mit schwefelreicher Nahrung in Betracht zieht.

Auch der Hinweis, dass die schwefelarme Konstitution häufig mit depressiven, melancholischen Zuständen einhergeht, ist in unserem Zusammenhang von großer Bedeutung. Denn in der Regel neigen auch Menschen, die mit den Folgen eines Traumas ringen, zu Depressionen oder weisen melancholische Persönlichkeitszüge auf. Wenngleich Rudolf Steiner seine Aussagen hier auf Kinder bezieht, sie gelten entsprechend für Erwachsene und für Traumapatienten.

Albtraum und Elementarwesen

Der Albtraum ist eine häufige Erscheinung bei Traumafolgestörungen. Im folgenden Textauszug werden Elementarwesen als Hinderer des Schwellenübergangs genannt, die als «Alben» im Schlaf auftreten und den Albtraum erzeugen. Hierbei wird der Albtraum auch in Verbindung mit dem Zweifel gebracht; als sinnbildliche Erscheinung des Zweifels und als «kleiner Hüter» wird die Sphinx, das «Fragewesen» der ägyptischen Kultur, genannt.

Es bleibt vom Menschen eine Schlacke zurück. Diese Schlacke, die da zurückbleibt, ist im Menschen fortwährend vorhanden, daher steht er unter dem Einfluss der astralischen Elementarwesen; das dazugehörige Elementarwesen hängt ihm an. Der Mensch ist daher in fortwährender Verbindung mit dem, was ein hemmender Feind, ein Störenfried seiner Entwicklung ist. Die Wesenheiten, die sich dem Menschen anhängen, nannte man in der deutschen Mythologie die Alben. Sie treten in einer unbestimmten Gestalt auf im sogenannten Albtraum. Diese Träume äußern sich etwa so, dass man glaubt, ein Wesen setzt sich einem auf die Brust. Wenn man astral sehend wird, sieht man zuerst diese Wesen (The Dweller on the Threshold in Bulwers «Zanoni»). Es ist die Widerspiegelung der astralen Bekanntschaft des Menschen mit seinem Alb, ein Sich-Wehren des Menschen gegen seinen Feind. Das Wesen ist die Projektion eines astralen Wesens in uns selbst. Es ist der [kleine] Hüter der Schwelle. Der Mensch, der die Furcht vor dem inneren Feinde nicht überwinden kann, der kehrt gewöhnlich um beim Tor der Initiation.

Auf dem höheren Gebiet des astralen Planes ist es [das Bild] der Sphinx, die in den Abgrund gestürzt werden muss, ehe man weiterschreiten kann.

Assoziation und Dissoziation: die Seelenglieder an der Schwelle

Hier ist nochmals die Textstelle aus dem Vortrag «Individuelle Geistwesen und ihr Wirken in der Seele des Menschen» zu erinnern (vgl. S. 58–63), in der das Auseinanderfallen von Denken, Fühlen und Wollen an den Bewusstseinsgrenzen zur äußeren Welt und das Ineinanderpurzeln der inneren, seelischen Welt geschildert wurde. Das Auseinanderfallen der Seelenkräfte kann man grundsätzlich als Dissoziation, das Ineinander-Verschwimmen der Seelenbereiche als Assoziation bezeichnen. Dabei handelt es sich um einander entgegengesetzte Tendenzen, die eigentlich einen Ausgleich, eine Mitte suchen, die nur das bewusste Ich vermitteln kann. So ist es nicht verwunderlich, wenn bei einer zu starken Dissoziation durch das «Hereinbrechen» von Panik, durch eine Panikreaktion, die assoziative Wirkung hat, ein seelischer Ausgleich, eine Erleichterung gespürt werden kann. Dies ist eine Erkenntnis, die auch in der aktuellen Trauma-Literatur zu finden ist.

Zum zeitlichen Erleben der Dissoziation gehört es, dass sie plötzlich auftritt und von unbestimmter Dauer, manchmal sogar fortdauernd ist. Rudolf Steiner beschreibt in seinen grundlegenden Werken zur geistigen Entwicklung, dass eine Dissoziation der Seelenkräfte auch auf dem sogenannten regelrechten Schulungsweg auftreten kann. Dann erlebt der Übende, wie er sich selbst gegenübersteht und von einem zweiten, höheren Ich aus Leib und Seele marionettenartig wahrnimmt. Dabei muss er dafür sorgen, «dass niemals ein Gefühl von Entfremdung deshalb gegenüber der Sinnenwelt auftritt».

Seine nächste Aufgabe ist nun, in dieses höhere Selbst gewissermaßen hineinzuwachsen, das heißt, es wirklich als seine wahre Wesenheit anzusehen und auch sich dementsprechend zu verhalten. Immer mehr erhält er nun die Vorstellung und das lebendige Gefühl davon, dass sein physischer Leib und was er vorher sein «Ich» genannt hat nur mehr ein Werkzeug des höheren Ich ist. Er bekommt eine Empfindung gegenüber dem niederen

Selbst, wie es der auf die Sinnenwelt beschränkte Mensch gegenüber einem Werkzeug oder Fahrzeug hat, deren er sich bedient. So wie dieser den Wagen, in dem er fährt, nicht zu seinem «Ich» rechnet, auch wenn er sagt: «Ich fahre» wie «Ich gehe», so hat der entwickelte Mensch, wenn er sagt: «Ich gehe zur Tür hinein», eigentlich die Vorstellung: «Ich trage meinen Leib zur Tür hinein.» Nur muss das für ihn ein so selbstverständlicher Begriff sein, dass er nicht einen Augenblick den festen Boden der physischen Welt verliert, dass niemals ein Gefühl von Entfremdung deshalb gegenüber der Sinnenwelt auftritt. Soll der Geheimschüler nicht zum Schwärmer oder Phantasten werden, so muss er durch das höhere Bewusstsein sein Leben in der physischen Welt nicht verarmen, sondern bereichern, so wie es derjenige bereichert, der sich statt seiner Beine eines Eisenbahnzuges bedient, um einen Weg zu machen.

Das Mittel, bei der Trennung der Seelenkräfte im Übersinnlichen die Herrschaft zu behalten, ist die Stärkung des Ich.

Nun bemerkt der Mensch, dass auf dem Wege zur höheren Erkenntnis Denken, Fühlen und Wollen in der Tat sich sondern und jedes eine gewisse Selbstständigkeit annimmt, dass z. B. ein bestimmtes Denken nicht mehr wie durch sich selbst zu einem bestimmten Fühlen und Wollen drängt. Es stellt sich die Sache so, dass man im Denken etwas richtig wahrnehmen kann, dass man aber, um überhaupt zu einem Gefühle oder zu einem Willensentschluss zu kommen, wieder aus sich heraus einen selbstständigen Antrieb braucht. Denken, Fühlen und Wollen bleiben eben während der übersinnlichen Betrachtung nicht drei *Kräfte,* welche aus dem gemeinsamen Ich-Mittelpunkte der Persönlichkeit ausstrahlen, sondern sie werden wie zu selbstständigen Wesenheiten, gleichsam zu drei Persönlichkeiten; und man muss jetzt das eigene Ich umso stärker machen, denn es soll nicht bloß in drei Kräfte Ordnung bringen, sondern drei Wesenheiten lenken und führen. Aber diese Teilung darf eben nur während der übersinnlichen Betrachtung bestehen.

Auch für die Beschreibungen des Schulungswegs durch Rudolf Steiner gilt, was oben schon angeführt wurde, dass nämlich heute das Verhältnis der Seelenkräfte zum Ich ein anderes ist als zur Zeit der Entstehung dieser Schriften. Die Menschheit ist inzwischen zum großen Teil schon unbewusst über die Schwelle der geistigen Welt gegangen. Dies bedeutet, dass der Zustand, der früher in der Geistesschulung zum Erleben des zweiten, höheren Ich bewusst gesucht wurde, heute eine unbewusste Realität ist. So ist es nicht verwunderlich, dass durch ein traumatisches Erleben das Bewusstsein der Dissoziation verstärkt in Form von Fremdheitsgefühlen auftritt, wenn das Ich nicht die Herrschaft über die Wesensglieder behält. Dies kann sich in zwei Formen zeigen: gegenüber dem eigenen Leib oder der Umgebung als Depersonalisation, als Leibentfremdung und gegenüber der Welt als Derealisation, als Weltentfremdung. Auch hier erscheinen wieder die zwei Seiten der Grenzerfahrung: nach innen bezogen auf den eigenen Leib und nach außen gerichtet, bezogen auf das Bewusstsein der äußeren Welt.

Lockerung der Wesensglieder

Neben einer Trennung der Seelenglieder in der Dissoziation kann es auch zu Lockerungen des Wesensgliedergefüges der leiblich-seelischen Konstitution von physischem Leib, Ätherleib, Astralleib (Seele) und Ich (Persönlichkeit) kommen, auch wenn dies im normalen Bewusstseinszustand nicht auftreten dürfte. Denn bei diesem Vorgang wäre der Mensch mit Erlebnissen konfrontiert, die er nicht ertragen könnte. Es würden sich ungeläuterte Erinnerungen von früheren Erlebnissen, auch aus früheren Erdenleben aufdrängen, denen der heutige Mensch ohne eine geistige Schulung, die zum Erkraften seines Ich führt, nicht gewachsen wäre. Um dies zu verhindern, ist ein geistiges Wesen notwendig, das den Menschen davor beschützt. Es ist dies der «Hüter der Schwelle», der zunächst in Form der ungeläuterten Erlebnisse zu erkennen ist, aber durchaus real in der übersinnlichen Erfahrung vorhanden.

Nehmen wir einmal an, wir könnten diesen physischen Leib in irgendeinem Momente ohne weitere Vorbereitung verlassen; irgendein Zauberkünstler würde uns dazu verhelfen, diesen physischen Leib zu verlassen, sodass er allein bleibt, dass der Ätherleib mitgeht mit dem astralischen Leibe, dass wir also in gewisser Beziehung durch ein Erlebnis hindurchgehen, das sich vergleichen lässt dem Momente des Todes. Nehmen wir an, wir könnten das ohne die Vorbereitung, von der wir gesprochen: Was sind wir dann, wenn wir da draußen sind, wenn wir uns selbst gegenüberstehen? Da sind wir dasjenige, was wir im Laufe der Weltenentwicklung von Leben zu Leben geworden sind. Solange wir vom

Morgen bis zum Abend im physischen Leibe stecken, korrigiert die göttliche Schöpfung des Tempels unseres physischen Leibes dasjenige, was wir uns selbst anorganisiert haben von Verkörperung zu Verkörperung im Laufe unseres Erdenlebens; jetzt aber, wo wir heraustreten, haben unser astralischer Leib und unser Ätherleib dasjenige, was sie sich erworben haben von Leben zu Leben ohne Korrektur; jetzt sehen sie so aus, wie sie aussehen müssen nach dem, was sie selbst aus sich gemacht haben. Wenn der Mensch in einem solch unvorbereiteten Zustand heraustritt aus seinem physischen Leibe, dann ist er nicht etwa ein Wesen von einer höheren, edleren, reineren Form, als diejenige war, die er gehabt hat im physischen Leib, sondern ein Wesen mit all den Unvollkommenheiten, die er sich auf sein Karma geladen hat. Das alles bleibt unsichtbar, solange der Leibestempel unseren Ätherleib und astralischen Leib und unser Ich aufnimmt. Es wird sichtbar in dem Augenblick, wo wir mit den höheren Gliedern unserer Wesenheit heraustreten aus dem physischen Leibe. Da stehen, wenn wir nun zu gleicher Zeit hellsichtig werden, vor unserem Auge all die Neigungen und Leidenschaften, die wir noch haben aus dem, was wir in früheren Erdenleben gewesen sind. Man nehme einmal an, dass man im Laufe der künftigen Erdenzeit noch viele durchmachen werde; da wird man dieses oder jenes tun, dieses oder jenes vollbringen. Zu mancherlei von demjenigen, was man vollbringen wird, liegen schon die Neigungen, die Triebe und Leidenschaften jetzt vor; man hat sie herausgebildet durch Verkörperungen in der früheren Zeit. Alles, was der Mensch fähig ist, an diesen oder jenen Dingen in der Welt zu vollbringen, alles das, dessen er sich schuldig gemacht hat gegen diesen oder jenen Menschen – was er gegen diesen oder jenen

Menschen in der Zukunft abzutragen hat –, alles das ist in diesem Astralleib und Ätherleib verkörpert, wenn er heraustritt aus dem physischen Leib. Wir treten uns selber gleichsam seelisch-geistig nackt entgegen, wenn wir beim Heraustreten zugleich hellsichtig sind; das heißt, wir stehen uns so vor dem geistigen Auge, dass wir jetzt wissen, um wie viel wir schlechter sind, als das sein würde, wenn wir jene Vollkommenheit erreicht hätten, welche die Götter hatten, damit sie schaffen konnten den Wunderbau unseres physischen Leibes. Wir sehen in diesem Augenblick, wie tief wir unter jener Vollkommenheit stehen, die uns vorschweben muss als unser künftiges Entwicklungsideal. Wir wissen in diesem Augenblick, wie tief wir unter die Welt der Vollkommenheit heruntergestiegen sind.

Das ist das Erlebnis, das verbunden ist mit der Erleuchtung; das ist das Erlebnis, das man die Begegnung mit dem Hüter der Schwelle nennt. Dasjenige, was wirklich ist, das wird dadurch nicht mehr und nicht weniger wirklich, dass wir es sehen oder nicht sehen.

Bei Schilderungen von Erlebnissen, die als Erinnerungen auftreten, aber biografisch nicht aus den früheren Lebenszusammenhängen verständlich werden, mag man den Eindruck gewinnen, dass es sich um solche geläuterten Erfahrungen aus früheren Erdenleben handelt. Hier muss man natürlich mit der Interpretation sehr vorsichtig sein, sodass zunächst wohl nur die Betroffenen selbst einschätzen können, ob dies zutrifft.

Dämonen, Spektren, Phantome und ihre Wirkungen auf die Wesensglieder des Menschen

In der folgenden Textpassage geht es um geistige Wesen, die ganz konkret Folge negativer seelischer Wirkungen sind und die als Dämonen, als Spektren oder Gespenster und als Phantome bezeichnet werden. Sie wirken jeweils schwächend und ganz dezidiert auf Astralleib, Ätherleib oder physischen Leib ein.

Es ist aus der Erfahrung des Autors dieser Textsammlung oft erstaunlich, wie exakt von diesen Wirkungen betroffene Menschen unterscheiden können, in welchem Wesensgliederbereich sie durch entsprechende seelische Wirkungen geschwächt werden.

So müssen Sie sich klar sein, dass Sie in Ihrem Leben geleitet werden von Mächten, die Sie selber nicht kennen. Was auf den Ätherleib wirkt, sind Formgebilde, die Sie selbst früher auf dem Astralplan hervorgebracht haben, und was Ihr Schicksal wirkt, sind Wesenheiten, Kräfte auf den höheren Partien des Devachan, die Sie selbst eingeschrieben haben in die Akasha-Chronik. Diese Kräfte oder Wesenheiten sind dem Okkultisten nicht unbekannt, sie sind ganz hineingestellt in die Rangordnung von ähnlichen Wesenheiten. Sie müssen sich klar sein, dass Sie sowohl im Astralleib als im Ätherleib und im physischen Leibe die Wirkungen überhaupt von anderen Wesenheiten verspüren. Alles, was Sie unwillkürlich tun, alles, wozu Sie gedrängt werden, geschieht durch die Wirkung von anderen Wesenheiten. Es geschieht nicht aus dem Nichts heraus. Die verschiedenen Glieder der Menschennatur sind fortwährend wirklich durchdrungen und angefüllt von anderen

Wesenheiten, und der eingeweihte Lehrer lässt ein Gutteil der Übungen machen, um dieselben herauszutreiben, damit der Mensch immer freier und freier werde.

Man nennt die Wesenheiten, die den Astralleib durchsetzen und ihn unfrei machen, Dämonen. Fortwährend sind Sie in Ihrem Astralleib von solchen Dämonen durchdrungen, und die Wesenheiten, die Sie selbst durch Ihre wahren oder falschen Gedanken erzeugen, sind solche, die sich nach und nach zu Dämonen auswachsen. Es gibt gute Dämonen, die von guten Gedanken ausgehen. Schlimme Gedanken aber, vor allem unwahre, lügnerische, erzeugen dämonische Gestalten der furchtbarsten und grässlichsten Art, die den Astralleib, wenn man sich so ausdrücken darf, durchspicken. Ebenso durchsetzen den Ätherleib Wesenheiten, von denen sich der Mensch frei machen muss, das sind die Spektren oder Gespenster, und endlich gibt es solche, die den physischen Leib durchsetzen, das sind die Phantome. Außer diesen dreien gibt es noch andere Wesenheiten, die das Ich hin und her treiben, das sind die Geister, wie das Ich ja auch selbst Geist ist. Tatsächlich ist der Mensch der Hervorrufer von solchen Wesenheiten, die dann, wenn er auf die Erde herunterkommt, das innere und äußere Schicksal bestimmen. Dieselben beleben den Lebensgang so, dass Sie alles spüren, was Ihr Astralleib an Dämonen, Ihr Ätherleib an Gespenstern und Ihr physischer Leib an Phantomen hervorgebracht hat. Alles das hat eine Verwandtschaft zu Ihnen, es strebt zu Ihnen hin, wenn Sie wiederverkörpert werden. [...]

Aber es gibt auch furchtbare, verderbliche Dämonen. Alle Lügendämonen wirken so, wie wenn sie den Menschen zurückwürfen in der Entwicklung, und da in der Weltgeschichte bei den Lügen der großen Persönlichkeiten immer solche Lügendämonen geschaffen werden, die sich zu ganz gewaltigen Wesenheiten auswachsen, spricht man von den Geistern der Hemmnisse oder Hindernisse. In diesem Sinne sagt Faust zu Mephisto: «Der Vater bist du aller Hindernisse!»

Im letzten Teil des Vortrags werden insbesondere die karmischen Wirkungen aufgezeigt, die der Materialismus auf das Nervensystem hat und die Nervenkrankheiten im Sinne von «nervösen Störungen» erwarten lassen, die als «ganze Epidemien des Wahnsinns auftreten» werden. Aber nicht nur aus dem individuellen Karmagesetz heraus geschieht dies, sondern es hat weitere Auswirkungen auf die nachfolgenden Generationen. Deshalb hält Rudolf Steiner es für dringend erforderlich, als Gegenmittel «die spirituelle Gesinnung einströmen zu lassen».

Wir müssen noch über manches andere sprechen, um das Karmagesetz zu verstehen. Aus einer gewissen intimen Erkenntnis des Karmagesetzes ist überhaupt die geisteswissenschaftliche Bewegung hervorgegangen. Sie haben eben gesehen, wie Dinge, die im Ätherleib liegen, im nächsten Leben auf den physischen Leib wirken. So wirkt die Gesinnung, die Neigung zu denken, in einer ganz bestimmten Art zu denken, auf den physischen Leib, und so ist es für eine nachfolgende Inkarnation nicht gleichgültig, ob Sie in Ihrer Gesinnung spirituell oder materialistisch sind. Ein Mensch, der etwas von höheren Welten weiß – er braucht nur an die höheren Welten zu glauben –, hat in seinem nächsten Leben einen zentrierten physischen Leib, dessen Nervensystem ruhig wirkt, den er in der Hand hat, bis in die Nerven hinein. Ein Mensch dagegen, der nur gelten lassen will, was in der Sinnenwelt ist, der pflanzt diese Gesinnung fort auf seinen physischen Leib und hat in der nächsten Verkörperung einen solchen, der zu Nervenkrankheiten disponiert ist, einen zappeligen physischen Leib, der keinen festen Willensmittelpunkt hat. Der Materialist zerfällt in lauter Einzelheiten; der Geist hält zusammen, denn er ist die Einheit.

Die Disposition kommt bei den einzelnen Menschen durch das Schicksal in der nächsten Inkarnation zum Vorschein, aber sie geht weiter durch die Generationen hindurch, sodass die Söhne und Enkel der Väter, die materialistisch gesinnt waren, das büßen müssen durch schlechte Beschaffenheit des Nervensystems und Nervenkrankheiten. Ein nervöses Zeitalter wie das unsrige ist die Folge der materialistischen Gesinnung des letzten Jahrhunderts, und als Gegenströmung haben die großen Lehrer der Menschheit die Notwendigkeit erkannt, die spirituelle Gesinnung einströmen zu lassen. [...]

Wenn die spirituelle Strömung nicht so viel Macht gewinnt, dass sie auch die Faulen und Bequemen erfassen kann, dann gewinnt dasjenige, was die karmische Folge ist, die Nervosität, immer mehr Einfluss auf die Menschheit, und wie es im Mittelalter Epidemien des Aussatzes gegeben hat, so werden, durch die materialistische Gesinnung hervorgerufen, in der Zukunft schwere Nervenerkrankungen, ganze Epidemien des Wahnsinns auftreten, und ganze Völker werden davon überfallen werden.

So sollte durch das Einsehen dieses Gebietes des Karmagesetzes die Geisteswissenschaft nicht etwas sein, über das man sich streitet, sondern ein Heilmittel für die Menschheit. Je mehr die Menschheit spirituell wird, desto mehr wird alles ausgemerzt, was mit Erkrankungen des Nervensystems und der Seele zusammenhängt.

Rudolf Steiner berichtet 1908 verschiedentlich über Wirkungen, die die Menschen aus ihrem Seelischen auf die Leiblichkeit ihres physischen Leibs, Ätherleibs und Astralleibs, aber auch bei anderen Menschen auf deren «Wesensglieder» ausüben können. Dabei haben ethisch gute Impulse positive Wirkungen, ungute jedoch krank machende, zerstörerische Wirkungen. Im Vortrag vom 4. Juni 1908 geht es um Phantome, die von Lügen, Spektren oder Gespenster, die durch schlechte soziale Einrichtungen, und Dämonen, die durch Gesinnungszwang erzeugt werden. Alle Arten dieser Wesen werden von den Mitmenschen erzeugt, und der Kranke ist ihr Opfer. Allerdings kann bei dem Phänomen der Lügenphantome auch der betroffene Mensch selbst für das Entstehen verantwortlich sein, was bei zum konventionellen Handeln neigenden Trauma-Opfern sogar häufig der Fall ist.

Heute werden wir eine andere Wirkung des Lügens, des Verleumdens kennenlernen, wenn auch die Worte Lügen und Verleumden hier gar nicht in jener wüsten Weise gemeint sind, wie man gewöhnlich diese Worte im groben Sinne anwendet. Aber schon wenn der Mensch in jenem feineren Sinne, zum Beispiel aus Konvention, aus allerlei Gesellschafts- oder Parteirücksichten dieses oder jenes an der Wahrheit färbt, haben wir es im geisteswissenschaftlichen Sinne überall mit einem Lügen zu tun. Vielfach ist das ganze Leben des Menschen, wenn auch nicht von Lügen, so doch von lügenhaft gefärbten Manifestationen durchtränkt. Der materialistisch Aufgeklärte sieht ja allenfalls ein, dass es auf seinen physischen Leib einen Eindruck ausübt, wenn ihm jemand mit einer Axt auf den Schädel schlägt. Er sieht allenfalls auch ein, dass es für seinen physischen

Leib eine Wirkung hat, wenn ihm der Kopf von der Eisenbahn abgefahren wird oder er ein Geschwür an irgendeinem Teil seines Leibes erhält oder auch, wenn Bazillen eindringen. Da wird es der aufgeklärte Mensch begreiflich finden, dass Wirkungen auf den physischen Leib ausgeübt werden. Dass der Mensch als geistig angelegtes Wesen eine Einheit ist, dass dasjenige, was in den höheren Gliedern seiner Leiblichkeit, im astralischen Leib und im Ich vorgeht, durchaus so zu betrachten ist, dass es bis herunter in den physischen Teil seiner Leiblichkeit seine Wirkungen fortsetzt, das wird gewöhnlich gar nicht bedacht. Nicht bedacht wird zum Beispiel, dass das Aussprechen von Lügen und Unwahrhaftigkeiten, ja schon Unwahrhaftiges in den Lebensverhältnissen für den menschlichen physischen Leib richtige Wirkungen hat. Hellseherisch können wir Folgendes erleben: Wenn der Mensch, sagen wir, eine Lüge begangen hat am Tage, so bleibt die Wirkung dieser Lüge innerhalb des physischen Leibes vorhanden und ist für das hellseherische Wahrnehmen zu sehen, während der Mensch schläft. Nehmen wir nun an, der Mensch sei überhaupt ein lügnerischer Mensch, er häufe die Lügen an. Dann hat er viele solcher Wirkungen in seinem physischen Leib. Das alles verhärtet sich in einer gewissen Weise in der Nacht, und dann geschieht etwas sehr Bedeutungsvolles. Diese Einschlüsse, diese Verhärtungen im physischen Leibe vertragen sich sehr schlecht mit jenen Wesenheiten, die in der Nacht vom physischen Leibe Besitz ergreifen müssen, die also, wie wir gesehen haben, von anderen Welten aus diejenigen Funktionen am physischen Leibe ausüben, die bei Tage astralischer Leib und Ich ausüben. Die Folge davon ist, dass im Verlaufe des Lebens durch einen solchen, man möchte sagen, von Lügen durchseuchten Leib Teile von jenen Wesenheiten abgeschnürt werden, die sich da während der Nacht in dem Menschen niederlassen. Da haben wir wiederum Abschnürungsprozesse. Diese führen dazu, dass, wenn der Mensch stirbt, sein physischer Leib nicht nur diejenigen Wege nimmt, die er im regelmäßigen Verlaufe des Werdens nehmen würde, sondern dass gewisse Wesenheiten übrig bleiben, die sozusagen durch die Wirkung des Lügens und Verleumdens im physischen Leibe erzeugt worden sind und aus der geistigen Welt abgeschnürt werden. Solche auf diesem Umwege abgeschnürte Wesenheiten schwirren nun auch in unserer Welt herum. Sie gehören zu derjenigen Klasse von Wesenheiten, die wir «Phantome» nennen. In ihnen haben wir eine gewisse Gruppe von Elementarwesenheiten, die mit unserem physischen Leib verwandt sind, unsichtbar zunächst für äußere physische Augen, die sich vermehren durch Lügen und Verleumdungen. Tatsächlich bevölkern Lügen und Verleumdungen unser Erdenrund mit solchen Phantomen. Auf diese Art lernen wir eine neue Klasse von Elementarwesen kennen.

Nun aber üben nicht nur Lügen und Verleumdungen, die in der Seele vorhanden sind, sondern auch andere Dinge des Seelenlebens ihre Wirkung auf die menschliche Leiblichkeit aus. Lügen und Verleumdungen sind es gerade, die so auf den physischen Leib wirken, dass sie ihn zum Abschnürer von Phantomen machen. Andere Dinge wieder sind es, die in ähnlicher Weise auf den Ätherleib wirken. Seien Sie nicht erstaunt über solche Erscheinungen des Seelenlebens, man muss im geistigen Leben die Dinge mit aller Ruhe auffassen können. Solche Tatsachen, die ihre schlimme Wirkung auf den Ätherleib haben, sind zum Beispiel schlechte Gesetze oder schlechte soziale Einrichtungen in irgendeiner Gemeinschaft. Alles, was zum Beispiel zum Unfrieden führt, was überhaupt an schlechten Einrichtungen da von Mensch zu Mensch spielt, wirkt durch die Stimmung, die es durch das Zusammenleben der Menschen erzeugt, so, dass sich die Wirkung fortsetzt bis in den Ätherleib. Und was da im Ätherleibe sich ansammelt durch die Wirkung von solchen Seelentatsachen, liefert wiederum Abschnürungen von diesen geistig hereinwirkenden Wesenheiten, die sich nun ebenfalls in unserer Umgebung befinden. Man nennt sie «Spektren», im Deutschen würde man sagen «Gespenster». Diese Wesenheiten, die in der Ätherwelt, in der Lebenswelt vorhanden sind, sehen wir wiederum herauswachsen aus dem Leben der Menschen. So kann mancher unter uns herumgehen, und sein physischer Leib ist für den, der geistig diese Dinge zu erkennen vermag, gespickt, dürfen wir sagen, mit Phantomen, sein Ätherleib gespickt mit Spektren oder Gespenstern; und alles das stiebt sozusagen in der Regel auseinander und bevölkert die Welt nach dem Tode des Menschen oder einige Zeit hinterher. [...]

Nun gibt es aber nicht bloß diese normalen Einflüsse [die infolge seiner Vergeistigung auf den Menschen eindringen]. So würde es einzig und allein sein, wenn die Menschen untereinander vollkommen verstehen würden, was Schätzung und Würdigung der Freiheit der Seele des anderen ist. Davon ist aber die gegenwärtige Menschheit noch sehr weit entfernt. Denken Sie nur einmal daran, wie die heutige Seele noch zum größten Teil die Mitseele überwältigen will, wie sie nicht leiden kann, wenn die andere Seele etwas anderes denkt und liebt, wie die eine Seele die andere überwältigen und auf sie wirken will. Bei alledem, was von Seele zu Seele wirkt in unserer Welt, von dem ungerechtfertigten Ratschluss, den man gibt, bis zu all jenen Wirkungsmitteln, die die Menschen anwenden, um Seelen zu überwältigen, bei alledem, was nicht so wirkt, dass die freie Seele der freien Seele gegenübersteht, sondern, und sei es auch nur in geringster Weise, Zwangsmittel der Überzeugung, Zwangsmittel der Überredung angewendet werden, wo nicht bloß geweckt werden soll, was in der anderen Seele schon schlummert, überall da wirken von Menschenseele zu Menschenseele Kräfte, die wiederum diese Seelen so beeinflussen, dass sich das in der Nacht im astralischen Leibe ausdrückt. Der astralische Leib bekommt Einschlüsse, und dadurch werden Wesenheiten abgeschnürt aus anderen Welten, die jetzt wiederum als Elementarwesen unsere Welt durchschwirren. Diese Wesenheiten gehören zur Klasse der «Dämonen». Sie sind nur dadurch in unserer Welt vorhanden, dass in ihr auf die verschiedenste Weise Intoleranz des Gedankens, Vergewaltigung des Gedankens geübt worden ist. Das Heer dieser Dämonen ist auf diese Art in unsere Welt hineingekommen.

Aus der aktuellen und konkreten psychotherapeutischen Erfahrung fragt es sich, ob nicht die nervösen Menschen, die eine Lockerung des Ätherleibs aufweisen, für all diese Wirkungen besonders anfällig sind und Rudolf Steiner deshalb die Schilderungen in einen engen Zusammenhang stellte?

Wesentlich ist für unsere Betrachtung, dass die Haltung des traumatisierenden Täters aufgrund von Überheblichkeit, häufiger Ausnützung von schlechten sozialen Konstellationen und lügenhaftem Selbstschutz prädestiniert ist, beim Opfer die geschilderten Phantome, Spektren und Dämonen zu bilden und gegebenenfalls sogar seine eigenen zu übertragen.

IX. HEILSAME ASPEKTE DES ANTHROPOSOPHISCHEN SCHULUNGSWEGS

Nachdem in den vorangegangenen Kapiteln Textstellen aus dem Werk Rudolf Steiners zusammengestellt wurden, die es ermöglichen, psychische Erlebnisse wie Schreck, Scham und Zweifel und schreckvollste Verwirrung in ihrer Entstehung und polaren Bezogenheit aufeinander zu verstehen und zu erklären, geht es in diesem abschließenden Kapitel um eher praktische Aspekte. Gefragt wird nun, welche heilsamen Möglichkeiten der geistige Schulungsweg, den Rudolf Steiner inauguriert hat, bezüglich der Ängste – als Einseitigkeiten oder als Grenzüberschreitungen auf dem seelischen Entwicklungsweg – birgt. Zunächst geht es dabei um die Entwicklung des sinnlichkeitsfreien, reinen Denkens und der übersinnlichen Wahrnehmungsorgane des Kehlkopf- und Herzchakras, Letzteres vorerst weniger zur Selbsterlösung des Übenden denn als Erlösung der Elementarwesen und der Welt im größeren kosmischen Zusammenhang. Hier wird dann der Lichtseelenprozess dargestellt als eine Ablösung des alten Yogaweges durch einen neuen, der gedanklich und geistig aus dem Christus-Wirken entwickelt ist.

Die Entwicklung der übersinnlichen Wahrnehmungsorgane

In den Vorträgen aus dem Zyklus über die «Grenzen der Naturerkenntnis» (GA 322), in denen die Erscheinungen der Zweifelsucht und der Agoraphobie behandelt werden, geht es auch ganz konkret um den geistigen Schulungsweg. Hier ist also ein direkter Zusammenhang gegeben zwischen diesen Angstformen und einer heilsamen Entwicklung durch die Geistesschulung.

Dass es sich dabei um einen neuen, erweiterten Zugang zu diesem Entwicklungsweg handelt, ist auch daran zu erkennen, dass Rudolf Steiner gleich auf mehrere seiner Grundwerke verweist: «Die Philosophie der Freiheit», «Wie erlangt man Erkenntnisse der höheren Welten?» sowie das Erkenntniskapitel aus der «Geheimwissenschaft im Umriss». Ausgangspunkt dieses Schulungswegs «für den wissenschaftlich gebildeten Menschen» ist ein Sich-Erarbeiten des aktiven Denkens auf Basis der «Philosophie der Freiheit», das zu einem, wie es in der «Geheimwissenschaft im Umriss» heißt, reinen, sinnlichkeitsfreien Denken führt. Diese Denkqualität kann danach in Übungen zum imaginativen Erleben weitergeführt werden, das heißt durch eine Ausbildung zunächst bis zum achtgliedrigen Kehlkopfchakra, wie es in dem Kapitel «Über einige Wirkungen der Einweihung» aus «Wie erlangt man Erkenntnisse der höheren Welten?» beschrieben wird. Dann kann der Beginn der inspirativen Schulung mit der Ausbildung des sechsgliedrigen Herzchakras folgen, dem Herzdenken, wobei zu den Bildern die Wärmequalität hinzukommt.

Für die abendländische Zivilisation ist der Weg in die übersinnlichen Welten der der Imagination. Nur muss diese Imagination ganz in das übrige Seelenleben organisch hineingestellt werden. Und dies kann in der mannigfaltigsten Weise geschehen, wie ja auch schließlich der orientalische Geistesweg nicht in ganz eindeutiger Weise vorausbestimmt war, sondern wie er in der mannigfaltigsten Weise gegangen werden konnte. Ich will heute den Weg in die geistige Welt, wie er der abendländischen Zivilisation angemessen ist, so schildern, wie ihn etwa am besten gehen könnte derjenige, welcher durch das wissenschaftliche Leben des Abendlandes hindurchgeht.

In meinem Buche «Wie erlangt man Erkenntnisse der höheren Welten?» ist zwar durchaus ein sicherer Weg in die übersinnlichen Gebiete hinein charakterisiert, aber er ist so charakterisiert, dass er gewissermaßen für jedermann taugt, dass er vor allen Dingen für diejenigen taugt, welche nicht durch ein eigentliches wissenschaftliches Leben hindurchgegangen sind. Ich will ihn heute im Speziellen so charakterisieren, wie er eben mehr für den Wissenschafter taugt. Für diesen Wissenschafter muss ich auch nach allen meinen Erfahrungen als eine Art Voraussetzung ansehen [...], ich muss ansehen als eine richtige Voraussetzung dieses Erkenntnisweges das Verfolgen dessen, was in meiner «Philosophie der Freiheit» dargestellt ist. Diese «Philosophie der Freiheit» ist ja nicht in der Absicht geschrieben, in der heute zumeist Bücher geschrieben werden. Heute werden Bücher geschrieben zu dem Ziele, dass der Betreffende sich über den Inhalt des Mitgeteilten einfach informiert, dass er nach seinen besonderen Vorkenntnissen, nach seiner Bildung oder seiner wissenschaftlichen Kultur eben Kenntnis nimmt von dem, was inhaltlich in einem Buche enthalten ist. So ist eigentlich im Grunde genommen meine «Philosophie der Freiheit» nicht gemeint. Daher wird sie auch von denjenigen nicht gerade geliebt, die von einem Buche nur Kenntnis nehmen wollen. Meine «Philosophie der Freiheit» ist so gemeint, dass man zur unmittelbaren eigenen Denktätigkeit Seite für Seite greifen muss, dass gewissermaßen das Buch selbst nur eine Art Partitur ist und man in innerer Denktätigkeit diese Partitur lesen muss, um fortwährend aus dem Eigenen heraus von Gedanke zu Gedanke fortzuschreiten. Sodass bei diesem Buch durchaus immer mit der gedanklichen Mitarbeit des Lesers gerechnet ist. Und es ist ferner gerechnet mit demjenigen, was aus der Seele wird, wenn sie eine solche Gedankenarbeit mitmacht. Derjenige, der sich nicht gesteht, dass, wenn er dieses Buch nun wirklich in eigener seelischer Gedankenarbeit absolviert hat, er dann gewissermaßen sich in einem Elemente des Seelenlebens erfasst hat, in dem er sich früher nicht erfasst hat; derjenige, der nicht spürt, dass er gewissermaßen herausgehoben ist aus seinem gewöhnlichen Vorstellen in ein sinnlichkeitsfreies Denken, in dem man sich ganz bewegt, sodass man erfühlt, wie man in diesem Denken frei geworden ist von den Bedingungen der Leiblichkeit, der liest eigentlich diese «Philosophie der Freiheit» nicht im richtigen Sinne. Und der versteht sie im Grunde genommen nicht richtig, der sich dies nicht gestehen kann. Man muss gewissermaßen sich sagen können: Jetzt weiß ich durch diese seelische Gedankenarbeit, die ich verrichtet habe, was eigentlich reines Denken ist.

Nun, ich setze also voraus, dass man zunächst aus dem gewöhnlichen Bewusstsein heraus in dieser Weise, wie ich es angeführt habe, die «Philosophie der Freiheit» durchgearbeitet habe. Dann wird man in der rechten Verfassung sein, um nun gewissermaßen das in gutem Sinne vorzunehmen für seine Seele, was ich schon gestern bezeichnet habe, mit ein paar Worten allerdings nur, zunächst als den Weg in die Imagination hinein. Dieser Weg in die Imagination hinein, er kann so vollzogen werden, angemessen unserer abendländischen Zivilisation, dass man versucht, sich ganz nur der äußeren phänomenologischen Welt hinzugeben, diese unmittelbar auf sich wirken zu lassen mit Ausschluss des Denkens, aber so, dass man sie doch aufnimmt. Nicht wahr, unser gewöhnliches Geistesleben im wachen Zustande verläuft ja so, dass wir wahrnehmen und eigentlich immer im Wahrnehmen schon das Wahrgenommene mit Vorstellungen durchtränken, im wissenschaftlichen Denken ganz systematisch das Wahrgenommene mit Vorstellungen verweben, durch Vorstellungen systematisieren und so weiter. Dadurch, dass man sich ein solches Denken angeeignet hat, wie es allmählich hervortritt im Verlaufe der «Philosophie der Freiheit», kommt man nun wirklich in die Lage, so scharf innerlich seelisch arbeiten zu können, dass man, indem man wahrnimmt, ausschließt das Vorstellen, dass man das Vorstellen unterdrückt, dass man sich bloß dem äußeren Wahrnehmen hingibt. Aber damit man die Seelenkräfte verstärke und die Wahrnehmungen im richtigen Sinne gewissermaßen einsaugt, ohne dass man sie beim Einsaugen mit Vorstellungen verarbeitet, kann man auch noch das machen, dass man nicht im gewöhnlichen Sinne mit Vorstellungen diese Wahrnehmungen beurteilt, sondern dass man sich symbolische oder andere Bilder schafft zu dem mit dem Auge zu Sehenden, mit dem Ohre zu Hörenden, auch Wärmebilder, Tastbilder und so weiter. Dadurch, dass man gewissermaßen das Wahrnehmen in Fluss bringt, dadurch, dass man Bewegung und Leben in das Wahrnehmen hineinbringt, aber in einer solchen Weise, wie es nicht im gewöhnlichen Vorstellen geschieht, sondern im symbolisierenden oder auch künstlerisch verarbeitenden Wahrnehmen, dadurch kommt man viel eher zu der Kraft, sich von der Wahrnehmung als solcher durchdringen zu lassen. Man kann sich ja schon gut vorbereiten für eine solche Erkenntnis bloß dadurch, dass man wirklich im strengsten Sinne sich heranerzieht zu dem, was ich charakterisiert habe als den Phänomenalismus, als das Durcharbeiten der Phänomene. Wenn man wirklich an der materiellen Grenze des Erkennens getrachtet hat, nicht in Trägheit durchzustoßen durch den Sinnesteppich und dann allerlei Metaphysisches da zu suchen in Atomen und Molekülen, sondern wenn man die Begriffe verwendet hat, um die Phänomene anzuordnen, um die Phänomene hin zu verfolgen bis zu den Urphänomenen, dann bekommt man dadurch schon eine Erziehung, die dann auch alles Begriffliche hinweghalten kann von den Phänomenen. Und symbolisiert man dann noch, verbildlicht man die Phänomene, dann bekommt man eine starke seelische Macht, um gewissermaßen die Außenwelt begriffsfrei in sich einzusaugen.

Nach den Übungen aus «Wie erlangt man Erkenntnisse der höheren Welten?» mit dem bildhaften, vorstellungsfreien Aufnehmen der Sinneserlebnisse verwandeln sich die aus der Arbeit mit der «Philosophie der Freiheit» gewonnenen Fähigkeiten zur Inspiration und Intuition.

Hier kommt der Aspekt der Sinne hinzu, deren Organisation Rudolf Steiner auf eine ganz neue Basis gestellt hat, indem er die Leibsinne in die eben und im folgenden Textabschnitt erwähnten differenzierte: Gleichgewichtssinn, Lebenssinn und Bewegungssinn. Die innere Seelengrenze zum luziferischen Bereich, wie sie vor allem in der östlichen Spiritualität und bei den Mystikern aufgesucht wurde, wird danach leiblich durch die genannten «Leibsinne» (mit Ausnahme des dazugehörenden Tastsinns) gebildet.

In der Fortsetzung der Übungen würde dann darüber hinaus auch die intuitive Erkenntnisstufe erreicht.

Wenn man so vorgedrungen ist bis zu dem, was im Gleichgewichtssinn, im Lebenssinn, im Bewegungssinn lebt, dann ist man zu dem gekommen, was man zunächst wegen seiner Durchsichtigkeit als die wahre innere Wesenheit des Menschen erlebt. Man weiß aus der Beschaffenheit der Sache selbst: Jetzt kann man nicht mehr tiefer hineinkommen. Aber man hat auch dann zunächst reichlich genug. Denn dasjenige, was die nebulosen Mystiker träumen, das findet man nicht. Aber man findet eine wirkliche Organologie, und man findet vor allen Dingen in seinem Inneren das wahre Wesen desjenigen, was im Gleichgewichte ist, was in Bewegung ist, was von Leben durchströmt ist. Das findet man in seinem Inneren.

Und dann, wenn man dies durchgemacht hat, dann ist etwas ganz Eigentümliches eingetreten. Dann bemerkt man zur rechten Zeit etwas. Ich habe ja vorausgesetzt, dass man vorher die «Philosophie der Freiheit» gedanklich durchgearbeitet hat. Man hat sie dann sozusagen stehen gelassen, und man hat den Weg der Kontemplation, der Meditation nach dem Inneren genommen. Man ist vorgedrungen bis zum Gleichgewicht, bis zur Bewegung, bis zum Leben. Man lebt in diesem Leben, in diesem Gleichgewicht, in dieser Bewegung. Und ganz parallel laufend, ohne dass wir etwas anderes getan haben, als dass wir diesen kontemplativen, diesen meditativen Weg gegangen sind, ganz parallel laufend ist jetzt aus unserer Gedankenarbeit gegenüber der «Philosophie der Freiheit» etwas ganz anderes geworden, das heißt, dasjenige, was durch eine solche Philosophie der Freiheit im reinen Denken erlebt werden kann, das ist nun dadurch, dass wir auf einem ganz andern Gebiete innerlich seelisch gearbeitet haben, etwas ganz anderes geworden. Das ist voller geworden, inhaltschwerer geworden. Und während wir auf der einen Seite in unser Inneres gedrungen sind, die Imagination vertieft haben, haben wir dasjenige, was wir eigentlich erreicht haben durch die Gedankenarbeit in der «Philosophie der Freiheit», aus dem gewöhnlichen Bewusstsein herausgeholt. Wir haben aus Gedanken, die vorher mehr oder weniger abstrakt im reinen Denken geschwebt haben, inhaltsvolle Kräfte gemacht, die jetzt in unserem Bewusstsein leben, und es ist Inspiration geworden, was früher reiner Gedanke war. Wir haben die Imagination ausgebildet, und das reine Denken ist zur Inspiration geworden. Und indem wir auf diesem Wege fortschreiten, gelangen wir dazu, jetzt auseinanderhalten zu können – denn wir haben es auf zwei voneinander streng zu unterscheidenden Wegen gewonnen – dasjenige, was wir aus dem reinen Denken heraus bekommen als Inspiration, das Leben, das auf niederer Stufe ein Denken ist, dann ein zur Inspiration erhobenes Denken, und auf der andern Seite dasjenige, was wir erleben als Gleichgewichtszustand, als Bewegungszustand,

Lebenszustand. Und wir können jetzt die beiden Erlebnisse, die beiden Erlebnisarten miteinander verbinden. Wir können das Äußere mit dem Inneren verbinden. Wir kommen wiederum durch die Verbindung von Inspiration und Imagination zur Intuition.

Wie Rudolf Steiner im Fortgang des Vortrags darlegt, sind die Übungen aus der «Philosophie der Freiheit» im Zusammenwirken mit denen aus «Wie erlangt man Erkenntnisse der höheren Welten» als das neue Gedanken-Yoga zu verstehen, das das alte Atem-Yoga ersetzen sollte.

Aber derjenige, der die «Philosophie der Freiheit» wirklich studiert, wird finden, dass in jenem Denken, das wir als das reine Denken erreichen, Wille und Denken zusammenfallen. Das reine Denken ist im Grunde eine Willensäußerung. Daher wird dasjenige, was Denken ist, was reines Denken ist, nun verwandt mit dem, was der Orientale erlebte im Ausatmungsprozess. Es ist verwandt das reine Denken mit dem Ausatmungsprozess, so wie das Wahrnehmen verwandt ist mit dem Einatmungsprozess. Wir müssen gewissermaßen mehr zurückgeschoben nach dem Inneren des Menschen denselben Prozess durchmachen, den der Orientale durchmacht mit seiner Yogaphilosophie. Diese Yogaphilosophie geht auf ein reguliertes Einatmen, Ausatmen, und ergreift so das Ewige im Menschen.

Der Abendländer, was kann er tun? Er kann klar für sich seelisch zum Erlebnis machen auf der einen Seite die Wahrnehmung, auf der andern Seite das Denken. Und er kann dasjenige, was sonst abstrakt und formhaft nur in Ruhe verbunden wird, Wahrnehmen und Denken, in innerem Erleben verbinden, sodass er innerlich geistig-seelisch erlebt, was man physisch erlebt bei Einatmen, Ausatmen. Physisch erlebt man Einatmung, Ausatmung; in ihrem Zusammenklang erlebt man bewusst das Ewige. Im gewöhnlichen Erleben erlebt man die Wahrnehmung, das Denken. Indem man beweglich macht sein seelisches Leben, erlebt man den Pendelschlag, den Rhythmus, das fortwährende Ineinandervibrieren von Wahrnehmen und Denken. Und wie sich eine höhere Wirklichkeit in Einatmung und Ausatmung für den Orientalen entwickelt, so entwickelt sich, indem der Okzidentale in sich den lebendigen Prozess der modifizierten Einatmung im Wahrnehmen, der modifizierten Ausatmung im reinen Denken entwickelt, indem er Begriff, Denken und Wahrnehmung ineinanderwebt, gewissermaßen ein geistig-seelisches Atmen anstelle des physischen Atmens der Yogaphilosophie. Und er zwingt sich auch allmählich hinauf durch diesen rhythmischen Schlag, durch dieses rhythmische Eratmen in Wahrnehmung und Denken zu der wahren geistigen Wirklichkeit in Imagination und Inspiration und Intuition. Und als ich in meiner «Philosophie der Freiheit» eben zunächst nur philosophisch darauf hindeutete, dass sich die wahre Wirklichkeit ergibt aus dem Ineinanderschlagen von Wahrnehmung und Denken, sollte, weil eben gerade diese «Philosophie der Freiheit» als innere Seelenkultur gedacht war, hingewiesen werden auf dasjenige, was der Mensch als Abendländer üben muss, um in die Geisteswelt selber hineinzukommen. Der Orientale sagt: Systole, Diastole; Einatmung, Ausatmung. – Der Abendländer muss an die Stelle setzen: Wahrnehmung, Denken. Der Morgenländer sagt: Ausbilden des physischen Atmens; der Abendländer sagt: Ausbilden des geistig-seelischen Atmens in dem Erkenntnisprozess durch Wahrnehmen und Denken.

Unter Bezugnahme auf traditionelle Schulungswege hat Rudolf Steiner den von ihm entwickelten Weg auch als modernen Gralsweg bezeichnet. Weitere Ausarbeitungen zu den Themen der Entwicklung der Chakren und höheren Erkenntnisfähigkeiten finden sich in verschiedenen im Rudolf Steiner Verlag erschienenen anleitenden Textzusammenstellungen wie «Sich selbst erziehen» oder der Reihe «Die kleinen Begleiter».

Eine Betrachtung über die psychotherapeutische Bedeutung des achtgliedrigen Pfades hat der Herausgeber dieser Abhandlung in der Zeitschrift «Europäer» veröffentlicht. Außerdem findet sich dort ein weiterer Artikel, ausgehend vom Vortrag, gehalten am 12. April 1909, aus «Geistige Hierarchien und ihre Widerspiegelung in der physischen Welt» (GA 110), wo Rudolf Steiner im Zusammenhang mit dem achten Gesang der «Bhagavad Gita» die «Erlösung der Elementarwesen» durch den übenden Menschen beschreibt. Diese Hinweise können auf die ersten vier der sechs Übungen zur Entwicklung des Herzchakras bezogen werden.

In diesem Kontext sei hier nur mehr eine kurze Beschreibung der sogenannten sechs Nebenübungen gegeben, wie sie Rudolf Steiner als «Allgemeine Anforderungen, die ein jeder an sich selbst stellen muss, der eine okkulte Entwicklung durchmachen will», formuliert hat:

Die erste Bedingung ist die Aneignung eines vollkommen klaren Denkens. Man muss zu diesem Zwecke sich, wenn auch nur eine ganz kurze Zeit des Tages, etwa fünf Minuten (je mehr, desto besser) frei machen von dem Irrlichtelieren der Gedanken. Man muss Herr in seiner Gedankenwelt werden. [...]

Hat man sich etwa einen Monat also geübt, so lasse man eine zweite Forderung hinzutreten. Man versuche, irgendeine Handlung zu erdenken, die man nach dem gewöhnlichen Verlaufe seines bisherigen Lebens ganz gewiss nicht vorgenommen hätte. Man mache sich nun diese Handlung für jeden Tag selbst zur Pflicht. [...]

Im dritten Monat soll als neue Übung in den Mittelpunkt des Lebens gerückt werden die Ausbildung eines gewissen Gleichmutes gegenüber den Schwankungen von Lust und Leid, Freude und Schmerz, das «Himmelhochjauchzend, zu Tode betrübt» soll mit Bewusstsein durch eine gleichmäßige Stimmung ersetzt werden. [...]

Im vierten Monat soll man als neue Übung die sogenannte Positivität aufnehmen. Sie besteht darin, allen Erfahrungen, Wesenheiten und Dingen gegenüber stets das in ihnen vorhandene Gute, Vortreffliche, Schöne usw. aufzusuchen. [...]

Im fünften Monat versuche man dann in sich das Gefühl auszubilden, völlig unbefangen einer jeden neuen Erfahrung gegenüberzutreten. Was uns entgegentritt, wenn die Menschen gegenüber einem eben Gehörten und Gesehenen sagen: «Das habe ich noch nie gehört, das habe ich noch nie gesehen, das glaube ich nicht, das ist eine Täuschung», mit dieser Gesinnung muss der esoterische Schüler vollständig brechen. Er muss bereit sein, jeden Augenblick eine völlig neue Erfahrung entgegenzunehmen. Was er bisher als gesetzmäßig erkannt hat, was ihm als möglich erschienen ist, darf keine Fessel sein für die Aufnahme einer neuen Wahrheit. […]

Im sechsten Monat soll man dann versuchen, systematisch in einer regelmäßigen Abwechslung alle fünf Übungen immer wieder und wieder vorzunehmen. Es bildet sich daher allmählich ein schönes Gleichgewicht der Seele heraus.

Der Lichtseelenprozess

Bereits im naturwissenschaftlichen Ansatz Goethes finden wir die Betrachtung des Nachklangs der Sinneswirkung, des «Nachbilds», wie es als heilsame Übung in dem folgenden Textabschnitt erwähnt wird. Es ist ein naheliegendes Übungsfeld, die Nachwirkungen der Sinnesempfindungen zu beobachten und damit in ein «imaginatives» Erleben zu gelangen. Im Prinzip ist dies mit allen Sinnesqualitäten möglich, am einfachsten mit dem Hör- und dem Sehsinn. Rudolf Steiner vergleicht diese Erfahrungen mit der früheren Yogapraxis, wo Ähnliches mit dem Atmen möglich war, wobei er bezweifelt, ob dies auch heute noch zu den früheren Erlebnissen führen kann. Denn mit dem Wirken des Christus habe sich seit dem «Ereignis von Golgatha» vieles in der Geistigkeit der Elemente geändert, sodass das Luft-Element heute nicht mehr so «geisterfüllt» ist, wie dies vorher der Fall war. Es eröffnet sich damit der Ausblick auf einen neuen, zeitgemäßen «Lichtseelenprozess», den Rudolf Steiner als Grundlage des Wirkens des Zeitgeistes Michael ansieht.

Wenn wir das Beseeltsein unserer Sinnesempfindungen wieder haben werden, dann werden wir wiederum einen Kreuzungspunkt haben, und in diesem Punkt werden wir den menschlichen Willen, der heraufströmt aus der dritten Bewusstseinsschichte, wie ich es Ihnen in diesen Tagen charakterisiert habe, erfassen. Da werden wir zu gleicher Zeit etwas Subjektiv-Objektives haben, wonach Goethe so lechzte. Da werden wir wiederum die Möglichkeit haben, in feiner Art zuerst zu erfassen, wie merkwürdig eigentlich dieser Sinnesprozess des Menschen im Verhältnis zur Außenwelt ist. Das sind ja alles grobe Vorstellungen, als wenn die Außenwelt auf uns bloß wirkte und wir dann bloß reagierten darauf. All das Zeug, das da geredet wird, das sind ja bloß grobklotzige Vorstellungen. Die Wirklichkeit ist vielmehr diese, dass ein seelischer Prozess vor sich geht von außen nach innen, der erfasst wird durch den tief unterbewussten, inneren seelischen Prozess, sodass die Prozesse sich übergreifen. Von außen wirken die Weltgedanken in uns herein, von innen wirkt der Menschheitswille hinaus. Und es durchkreuzen sich Menschheitswillen und Weltengedanken in diesem Kreuzungspunkte, wie sich im Atem das Objektive mit dem Subjektiven einstmals überkreuzt hat. Wir müssen fühlen lernen, wie durch unsere Augen unser Wille wirkt, und wie in der Tat die Aktivität der Sinne leise sich hineinmischt in die Passivität, wodurch sich Weltengedanken mit Menschheitswille kreuzen. Diesen neuen Yogawillen, den müssen wir entwickeln. Damit wird uns wiederum etwas Ähnliches vermittelt, wie vor drei Jahrtausenden den Menschen in dem Atmungsprozess vermittelt wurde. Unsere Auffassung muss eine viel seelischere, eine viel geistigere werden.

Nach solchen Dingen strebte die Goethe'sche Weltanschauung. Goethe wollte das reine Phänomen erkennen, was er das Urphänomen nannte, wo er nur zusammenstellte dasjenige, was in der Außenwelt auf den Menschen wirkt, wo sich nicht hineinmischt der luziferische Gedanke, der aus dem Kopf des Menschen selbst kommt. Dieser Gedanke sollte nur zur Zusammenstellung der Phänomene dienen. Goethe strebte nicht nach dem Naturgesetz, sondern nach dem Urphänomen. Das ist das Bedeutsame bei ihm. Kommen wir aber zu diesem reinen Phänomen, zu diesem Urphänomen, dann haben wir in der Außenwelt etwas, was uns möglich macht, auch die Entfaltung unseres Willens im Anschauen der Außenwelt zu verspüren, und dann werden wir uns aufschwingen wiederum zu etwas Objektiv-Subjektivem, wie es zum Beispiel die alte hebräische Lehre noch hatte. Wir müssen lernen, nicht immer nur von dem Gegensatz zu sprechen zwischen dem Materiellen und dem Geistigen, sondern wir müssen das Ineinanderspiel des Materiellen und des Geistigen in einer Einheit gerade im sinnlichen Auffassen erkennen. Geradeso wie das, was vor drei Jahrtausenden die Jahve-Kultur war, so wird für uns dasjenige sein, was eintritt, wenn wir die Natur nicht mehr materiell sehen und auch nicht wie etwa Gustav Theodor Fechner in die Natur etwas Seelisches hineinphantasieren. Wenn wir in der Natur das Seelische mitempfangen lernen mit der Sinnesanschauung, dann werden wir das Christus-Verhältnis zu der äußeren Natur haben. Da wird das Christus-Verhältnis zur äußeren Natur etwas sein wie eine Art geistiger Atmungsprozess. [...]

Ich komme noch einmal auf das Bild zurück. Sie sehen eine Flamme. Sie schließen die Augen, haben das Nachbild, das abklingt. Ist das bloß ein subjektiver Prozess? Der heutige Physiologe sagt so. Es ist nicht wahr.

In dem Weltenäther bedeutet das einen objektiven Prozess, wie in der Luft die Anwesenheit der Kohlensäure, die Sie ausatmen, einen objektiven Prozess bedeutet. Sie prägen dem Weltenäther ein das Bild, das Sie nur wie ein abklingendes Nachbild empfinden. Das ist nicht bloß subjektiv, das ist ein objektiver Vorgang. Hier haben Sie das Objektive. Hier haben Sie die Möglichkeit, zu erkennen, wie etwas, was sich in Ihnen abspielt, in feiner Art zu gleicher Zeit ein Weltenvorgang ist, wenn Sie sich nur bewusst werden: Sehe ich eine Flamme an, mache die Augen zu, lasse sie abklingen – es klingt ja auch ab, wenn Sie die Augen offen lassen, nur bemerken Sie es dann nicht –, dann ist das etwas, was nicht bloß in mir vorgeht, das ist etwas, was in der Welt vorgeht. Das ist aber nicht bloß bei der Flamme so. Trete ich einem Menschen gegenüber und sage: Dieser Mensch hat das oder jenes gesagt, was wahr oder nicht wahr sein kann, so ist das eine Beurteilung, eine moralische oder eine intellektuelle Handlung im Inneren. Das klingt ebenso ab wie die Flamme. Das ist ein objektiver Weltenvorgang. Wenn Sie über Ihren Nebenmenschen Gutes denken: Es klingt ab, ist im Weltenäther als ein objektiver Vorgang; wenn Sie Böses denken: Es klingt ab als ein objektiver Vorgang. Sie können nicht etwa in Ihrem Kämmerchen abschließen dasjenige, was Sie über die Welt wahrnehmen oder urteilen. Sie machen es zwar scheinbar für Ihre Auffassung in sich, aber es ist zu gleicher Zeit ein objektiver Weltenvorgang. Wie sich das dritte Zeitalter bewusst war, dass der Atmungsprozess zu gleicher Zeit etwas ist, was im Menschen vorgeht und was ein objektiver Prozess ist, so muss die Menschheit sich in der Zukunft bewusst werden, dass das Seelische, von dem ich gesprochen habe, zu gleicher Zeit ein objektiver Weltenvorgang ist.

Diese Wandlung des Bewusstseins, das ist etwas, was fordert, dass größere Stärke in der menschlichen Seelenstimmung Platz greife, als sie heute der Mensch gewöhnt ist. Das ist das Einlassen der Michael-Kultur: das Sich-Durchdringen mit diesem Bewusstsein. Wir müssen gewissermaßen, wenn wir das Licht als den allgemeinen Repräsentanten der Sinneswahrnehmung hinstellen, uns dazu aufschwingen, das Licht beseelt zu denken, so wie es selbstverständlich war für den Menschen des 2., des 3. vorchristlichen Jahrtausends, die Luft beseelt zu denken, weil sie das auch war. Wir müssen uns gründlich abgewöhnen, dasjenige in dem Lichte zu sehen, was das materialistische Zeitalter gewöhnt ist, in dem Lichte zu sehen. Wir müssen uns gründlich abgewöhnen zu glauben, dass von der Sonne ausstrahlen bloß jene Schwingungen, von denen uns unsere Physik und das allgemeine Menschheitsbewusstsein heute redet. Wir müssen uns klar werden darüber, dass da Seele durch den Weltenraum dringt auf den Schwingen des Lichtes. Und zu gleicher Zeit müssen wir einsehen, dass das so nicht war in der Zeit, die unserem Zeitalter vorangegangen ist. In der Zeit, die unserem Zeitalter vorangegangen ist, ist dasselbe an die Menschheit durch die Luft herangekommen, was jetzt an uns herankommt durch das Licht. Sehen Sie, das ist ein objektiver Unterschied in dem Erdenprozess. Und wenn wir im Großen denken, so können wir sagen: Luftseelenprozess, Lichtseelenprozess.

[...] Es handelt sich darum, dass man anfangen lerne zu sprechen: Es gab eine Zeit vor dem Mysterium von Golgatha, da hatte die Erde eine Atmosphäre. In dieser Atmosphäre war die Seele, die zum Seelischen des Menschen gehörte. Jetzt hat die Erde eine Atmosphäre, die ist entleert des Seelischen, das zum Seelischen des Menschen gehört. Dafür ist in das Licht, das uns vom Morgen bis zum Abend umfasst, eingezogen dasselbe Seelische, das vorher in der Luft war. Dass der Christus sich mit der Erde verbunden hat, das gab die Möglichkeit dazu. Sodass Luft und Licht auch geistig-seelisch etwas anderes geworden sind im Laufe der Erdenentwicklung.

Staunen, Mitgefühl, Gewissen

Angesichts der Vielzahl der aufgelisteten Ängste und damit verbundenen Störungen stellt sich die Frage nach der Salutogenese und den Idealen, die mit einem Ich-verbundenen Seelenwesen in Denken, Fühlen und Wollen zusammenstimmen. Als Grundelemente der Selbsterziehung und anzustrebende Seelenkräfte nennt Rudolf Steiner die Seelenqualitäten von Staunen, Mitgefühl und Gewissen, über die er unter anderem am 27. Dezember 1911 in Hannover sprach. Staunen, Verehrung, weisheitsvollen Einklang mit den Welterscheinungen bis hin zum Sich-Ergeben in das Weltenganze erkannte er als Qualitäten, die zur Wahrhaftigkeit führen können. Heute findet man diese Qualitäten auch in Konzepten und Diskussionen im Kontext der Salutogenese: das Gefühl der Verstehbarkeit, der Handhabbarkeit und der Sinnhaftigkeit des Geschehens bzw. Erlebten, was im sogenannten Kohärenzgefühl zusammengefasst ist.

Im Vortrag vom 8. Mai 1912 führt Rudolf Steiner die drei Seelenfähigkeiten Staunen, Mitleid und Gewissen ebenfalls auf. Hier gibt er an, dass diese Qualitäten die Hüllen werden können, durch die sich der zukünftig im Übersinnlichen erscheinende Christus mit der Menschheit zu verbinden vermag: Staunen als astralischer Leib, Mitleid als Ätherleib und Gewissen als physischer Leib.

Dies entspricht genau den schon oben angenommenen Bereichen der Wirksamkeiten der Selbsterziehungskräfte, die auch als positive Eigenschaften der Seelenkräfte des Denkens, Fühlens und Wollens angesehen werden können.

Wenn man nach langem Vertiefen in die geisteswissenschaftliche Christus-Idee einmal versuchen wird, den Christus darzustellen [es war dies 1912, noch lange vor dem Beginn der Arbeit an der Statue des sogenannten späteren «Menschheitsrepräsentanten», die heute im Goetheanum in Dornach aufgebaut ist], da wird man eine Gestalt bekommen, an der man erkennt, dass in seinem Antlitz etwas enthalten ist, woran sich alle Kunst abmühen kann, aber auch abmühen muss und wird: in seinem Antlitz wird dann etwas enthalten sein von dem Sieg der Kräfte, die nur im Antlitz sind über alle anderen Kräfte der menschlichen Gestalt. Wenn die Menschen werden bilden können ein Auge, das lebt und nur Mitleid strahlt, einen Mund, der nicht geeignet ist, zu essen, sondern nur zum Sprechen jener Wahrheitsworte, die das auf des Menschen Zunge liegende Gewissen sind, und wenn die Stirn gebildet werden kann, die nicht schön und hoch, sondern die in der deutlichen Ausgestaltung dessen schön ist, was sich nach vorn spannt zu dem, was wir die Lotusblume zwischen den Augen nennen – wenn einmal dies alles gebildet werden kann, dann wird gefunden werden, warum der Prophet sagt: «Er ist ohne Gestalt und Schöne.» Dies heißt nicht Schönheit, sondern es ist das, was Siegen wird über die Verwesung: die Gestalt des Christus, wo alles Mitleid, alles Liebe, alles Gewissenspflicht ist.

X. DIE GEISTESWISSENSCHAFTLICHEN QUALITÄTEN DER ANGST IM VERGLEICH MIT DEN STANDARDISIERTEN DIAGNOSTISCHEN BEZEICHNUNGEN UND ALS GRUNDLAGE DER THERAPIE

Was die Einordnung der verschiedenen Ängste durch Rudolf Steiner anbelangt, so dürfte aus der Zusammenstellung der Textquellen deutlich geworden sein, dass sich diese in der Regel komplementär verhalten, sodass sich meist zwei gegensätzliche Ausprägungen einer Empfindungs- oder Erlebnisqualität gegenüberstehen. Sie lassen sich daher polar anordnen, und zwar in Bezug auf die jeweilige Berührung der Seele an den Grenzbereichen nach «innen», zum inneren, zunächst unbewussten Seelischen bzw. nach «außen», zur Natur-, aber auch äußeren Geistwelt. Der Grenzbereich zur inneren Seelenwelt lässt sich als «Materiegrenze» oder «Grenze zum luziferischen Wirken» bezeichnen, während die äußere, die «Geist-Bewusstseins-Grenze» oder die des «Naturwirkens» im Einflussbereich von «ahrimanischen Wesen» steht. So lassen sich die einzelnen Ängste in folgenden Polaritäten gegenüberstellen:

Berührung mit Luziferischem	*Berührung zum Ahrimanischen*
Scham	Schreck/Furcht, Hass
Zweifel, Hyperskeptizismus	schreckvollste Verwirrung
Panik	Agoraphobie, Sorge

Für die Sorge muss allerdings einschränkend erwähnt werden, dass Rudolf Steiner hierzu keine Wirkungen von Widersachermächten angegeben hat. Jedoch ist eher ein ahrimanisches Wirken anzunehmen, welches durch die Generationen wirkt.

Berücksichtigt man den Bezug zu den Elementen und den der Lichtwirkungen als Ausdruck ätherischer Kräfte, so ist die Ebene der Polaritäten von Scham und Schreck oder Hass mit dem jeweils gestörten Blutkreislauf auf die Wärme bzw. den Wärmeäther bezogen. Bei Zweifel, Zwang und schreckvollster Verwirrung, aber auch bei der Panik spielt die Atemstörung und damit die Luft eine dominante Rolle, wobei allenfalls noch die ätherische Lichtqualität zu berücksichtigen ist. Die Sorge spielt sich tief im Leibe ab und basiert am ehesten auf dem Wässrigen und dem chemischen Äther; sie ist dem bewussten Erleben am tiefsten verborgen. Die Agoraphobie hat aufgrund der Störung des Gleichgewichtes und der Eigenbewegung einen starken Bezug zu den nach außen gerichteten Leibsinnen.

Die von Rudolf Steiner beschriebenen Formen der Ängste lassen sich den heute üblichen diagnostischen Beschreibungen mühelos zuordnen, wie sie in dem Internationalen Klassifikationssystem der WHO aufgeführt sind, aktuell dem ICD-10 (Entsprechendes gilt für das Diagnostic and Statistical Manual of Mental Disorders, das DSM-5). Dabei kann das Folgende angenommen werden.

Die Qualität der *Scham* ist vor allen Dingen von Bedeutung bei der Unsicherheit, sich in sozialen Zusammenhängen zu bewegen, was als Hauptterscheinung der «sozialen Phobie» zugehörig ist, die im ICD-10 als Kategorie F40.1 aufgeführt wird.

Der einfache *Schreck* oder die *Furcht* lässt sich diagnostisch den «objektbezogenen» Ängsten zuordnen, den «spezifischen (isolierten) Phobien» = F40.2, worunter spezifische Furchterlebnisse gegenüber bestimmten Dingen oder Ereignissen verstanden werden, zum Beispiel die Furcht vor Tieren, Höhe, Donner, Dunkelheit, vor dem Fliegen, dem Zahnarztbesuch, dem Anblick von Blut oder Verletzungen. Nach ICD-10 können diese Situationen auch Panikzustände hervorrufen, wobei diese auch bei der Agoraphobie und der sozialen Phobie auftreten können.

Die Bezeichnung «Agoraphobie» ist im Internationalen Klassifikationssystem als Kategorie F40.0 aufgeführt; Rudolf Steiner verwendete sie zusammen mit den Bezeichnungen *Astraphobie* und *Klaustrophobie*, die in der heutigen psychologischen Literatur immer weniger zu finden sind. Nach heutigem Verständnis wird die Agoraphobie – ähnlich wie die sozialen Phobien und die isolierten Phobien – überwiegend oder gar ausschließlich durch eindeutig definierte, eigentlich ungefährliche Situationen hervorgerufen, die dann nur mit Furcht ertragen oder eben gemieden werden, da bereits eine Erwartungsangst vorhanden ist. Typische Auslösesituationen der Agoraphobie sind Befürchtungen, das Haus zu verlassen, Geschäfte zu betreten, sich in Menschenmengen und auf öffentlichen Plätzen aufzuhalten, alleine mit Bahn, Bus oder Flugzeug zu reisen. Hinzu tritt häufig, wie oben schon erwähnt, die Panik.

In der aktuellen ICD-Diagnostik werden die drei erwähnten Störungen der Kategorie F40 zusammenfassend als «Phobische Störungen» bezeichnet. Die Kategorie F41 der ICD-10 umfasst «andere Angststörungen». Hierzu gehört die *Panik*, die «Panikstörung» = F41.0, die mit schweren Angstattacken einhergeht und die nicht durch spezifische Situationen oder Umstände ausgelöst wird und daher in der Regel nicht vorhersehbar ist. Häufig kommen hier im Beschwerdebild plötzlich auftretendes Herzklopfen, Brustschmerzen, Erstickungsanfälle, Schwindel und Entfremdungsgefühle (Depersonalisation und Derealisation) hinzu.

Rudolf Steiners Charakterisierung der *Sorge* trifft sehr genau die Beschreibung der «generalisierten Angststörung» gemäß ICD-10 F41.1. Zur Symptomatik gehört vor allem körperliches Unwohlsein aufgrund einer «frei flottierenden», situationsunabhängigen Angst in Form von nervösen Beschwerden, Zittern, Muskelanspannung, Schwitzen, Benommenheit, Herzklopfen, Schwindelgefühl oder Oberbauchbeschwerden sowie Krankheits- und Todesbefürchtungen.

Da diese Angstform, wie erwähnt, häufig mit anderen psychischen Erkrankungen, insbesondere mit der Neigung zur Melancholie, zur Depression, verbunden ist, gibt es in der ICD-10 eine eigene Kategorie F41.2: «Angst und depressive Störung, gemischt»; sie bezieht sich auf Störungen, bei denen Angst- und Depressionserscheinungen etwa gleich stark in milder Form vorhanden sind.

Der *Zweifel* oder die *Zweifelsucht* bzw. der *Hyperskeptizismus* findet sich im ICD-10 unter dem Begriff der «Zwangsstörungen» in der Kategorie F42, wobei eine Form mit «vorwiegenden Zwangsgedanken oder Grübelsucht» (F42.0), eine Form mit «vorwiegenden Zwangshandlungen [Zwangsritualen]» (F42.1) und eine der «Zwangsgedanken und -handlungen, gemischt» (F42.2) unterschieden werden. Zwangsgedanken sind Ideen, Vorstellungen oder Impulse, die den Patienten immer wieder stereotyp beschäftigen. Sie sind fast immer quälend, und der Versuch, Widerstand zu leisten, häufig erfolglos. Die Gedanken werden als zur eigenen Person gehörig erlebt, selbst wenn sie unwillkürlich und häufig abstoßend erscheinen. Zwangshandlungen oder -rituale sind stereotype Verhaltensweisen, die ständig wiederholt werden. Der Patient erlebt sie als Vorbeugung gegen ein objektiv unwahrscheinliches Ereignis, das ihm Schaden bringen oder bei dem er sich selbst Unheil anrichten könnte. Werden Zwangshandlungen unterdrückt, verstärkt sich die Angst deutlich.

Unter der Kategorie der *Traumafolgestörungen*, der «akuten Belastungsreaktion» (ICD-10 F43.0) oder der «posttraumatischen Belastungsstörung» (ICD-10 F43.1) finden sich alle bei Steiner erwähnten Angstformen, insbesondere aber die *Dissoziation* bzw. die dissoziativen Symptome der *schreckvollsten Verwirrung* wie *Depersonalisation* und *Derealisation.* Auch hierbei konnte oben gezeigt werden, dass die Phänomene bereits als «Fehlentwicklungen der Erlebnisse auf dem anthroposophischen Schulungsweg» bekannt sind. Psychiatrisch ist die Diagnosestellung eine komplexe Angelegenheit, da nur bestimmte existenzgefährdende Auslöser bei der ICD-10 als traumatisch angesehen werden; hier erweist sich die neueste Revision des DSM-5 als offener bezüglich der traumaauslösenden Ereignisse, da dort auch das Miterleben der Traumatisierung von anderen Personen oder das Erfahren solcher von engen Bezugspersonen als auslösend angesehen wird.

Die *Mischung aus depressiver Stimmung, Melancholie, Angst/Furcht und Sorge* wird heute im ICD-10 als «Anpassungsstörung» (F43.2) bezeichnet, da es dem Patienten bei diesem Krankheitsbild zunächst nicht gelingt, sich an eine veränderte Situation anzupassen.

Schließlich gibt es im ICD-10 noch die Kategorie der «dissoziativen Störungen» (F44), die grundsätzlich dieselbe Symptomatik aufweisen wie die «Traumafolgestörungen», nur dass zunächst keine klar traumatischen Erlebnisse gefunden werden können.

Aus der kurzen Auflistung der ICD-10-Kategorien wird ersichtlich, dass die verschiedenen Phobien, Agoraphobie, soziale Phobie, spezifische Phobien und die sogenannten anderen Angststörungen wie Panikstörung oder generalisierte Angststörung, sich von der äußerlichen Symptomatik zum großen Teil überschneiden, sodass die Differenzierung der Diagnosen von Psychiatern immer wieder als fragwürdig angesehen wurde. Die geisteswissenschaftliche Betrachtung ermöglicht dagegen eine spezifisch physiologische Betrachtung der psychopathologischen Symptomatik bezüglich der Blutbewegungen, der Atmung, des Stoffwechselgeschehens, der seelischen und Wesensgliederlockerungen beziehungsweise -dissoziationen, durch die die diagnostische Differenzierung eher gestützt wird.

Es lassen sich also die in dieser Textzusammenstellung von Rudolf Steiner beschriebenen Angstformen in den Kategorien des ICD-10 wiederfinden, und entsprechend lässt sich das Verständnis aller heute im ICD-10 angegebenen Störungen aus der Kategorie der «Neurotischen und Belastungsstörungen» (ICD-10 F40 bis 44) mit geisteswissenschaftlichen Aspekten erweitern. Diese Erweiterung durch das anthroposophische Verständnis seelischer Grenzerlebnisse bildet wiederum die Grundlage für entsprechend differenzierte Therapieansätze, neben den medikamentösen und psychotherapeutischen betrifft dies vor allem körperlich-leibliche und künstlerische Behandlungsformen, da das physiologische Verständnis der einzelnen Ängste hier besonders gut angewendet werden kann.

Entsprechende Aspekte ergeben sich insbesondere aus der Verbindung mit den oben genannten krankheitsspezifischen Qualitäten der «Elemente und Ätherkräfte» sowie der «Planeten- und Tierkreiswirkungen», die auf Leib und Seele bezogen sind. Prinzipiell ist dies für alle künstlerischen bzw. kunsttherapeutischen Bereiche relevant: beim Plastizieren, Malen, Musizieren, in der Sprachgestaltung, der Eurythmie oder Heileurythmie sowie in der leibbezogenen Behandlung.

Eine Steigerung des Verständnisses der Angstformen und der sich daraus ergebenden Behandlungsmöglichkeiten mittels des anthroposophischen Schulungsweges erlaubt der Zusammenhang der Agoraphobie als unbewusster Imagination und der Zweifelsucht als unbewusster Inspiration. Es sind hierbei entsprechende imaginative Übungen und die Schulung der Inspiration zur Behandlung möglich und angebracht. Neben den seelischen Übungen können zum Beispiel auch bildhaft-malerische oder plastische beziehungsweise inspirativ-musikalische Kunsttherapien einen heilbringenden Zusammenhang stiften.

Angemerkt sei außerdem noch, dass auch in der aktuellen achtsamkeitsorientierten Psychotherapie Konzepte entwickelt wurden, die für die Einzeltherapie geeignet sind und die vom Ansatz her eine große Übereinstimmung mit der Haltung Rudolf Steiners gegenüber den Ängsten aufweisen. Hier ist insbesondere die «Akzeptanz- und Commitmenttherapie» zu nennen.

Da es erfahrungsgemäß für den Einzelnen schwierig ist, zumal bei akuten Anlässen, sich aus den Schriften Rudolf Steiners alleine einen Übungsweg zu erarbeiten, ist es empfehlenswert, auf dem Schulungsweg erfahrenere Menschen zu kontaktieren und deren Angebote kennenzulernen. Dass es dazu auch Gruppenangebote gibt, ist relativ neu; hier hat sich im letzten Jahrzehnt einiges getan.

Sowohl dazu wie auch zum – vorbereitenden – Selbststudium gibt es umfassende Literatur; auf einige geeignete Textzusammenstellungen wurde bereits hingewiesen (siehe Anmerkung zu S. 152). Der Herausgeber dieser Zusammenstellung erprobt seit einigen Jahren zusammen mit dem Heileurythmisten Theodor Hundhammer in Bern anthroposophische Übungsreihen, die den Schulungsweg Rudolf Steiners mit eurythmischen Übungen verbinden. Dabei werden die Schulungsübungen durch dazu passende eurythmische Bewegungen ergänzt; so wird das Erleben der jeweiligen Übung auf einer anderen Erfahrungsebene zugänglich. Ausgearbeitete Übungsprogramme sind im Internet abzurufen unter der Webadresse: www. bewegteworte.ch.

Aus dem Gesagten sollte deutlich geworden sein, dass die geisteswissenschaftliche Betrachtung neurotischer und Belastungsstörungen neue Dimensionen der therapeutischen und Selbsterziehungsmöglichkeiten eröffnet, die eine rein beschreibende psychopathologische Erfassung nicht gewinnen kann. Die anthroposophische Sichtweise zu erproben und entsprechend therapeutisch zu erweitern ist Aufgabe und Chance einer anthroposophisch orientierten Medizin und Psychotherapie sowie leibbezogenen und Kunsttherapie.

ANHANG

Quellenverzeichnis

Erwähnte und zitierte Bände der Rudolf Steiner Gesamtausgabe (GA), Rudolf Steiner Verlag, Basel (in Klammern aktuelle Auflage):

Band

4 *Die Philosophie der Freiheit* (1995)

10 *Wie erlangt man Erkenntnisse der höheren Welten?* (1993)

11 *Aus der Akasha-Chronik* (1986)

13 *Die Geheimwissenschaft im Umriss* (2013)

56 *Die Erkenntnis der Seele und des Geistes* (1985)

57 *Wo und wie findet man den Geist?* (1984)

59 *Metamorphosen des Seelenlebens – Pfade der Seelenerlebnisse. Zweiter Teil* (1984)

60 *Antworten der Geisteswissenschaft auf die großen Fragen des Daseins* (1983)

62 *Ergebnisse der Geistesforschung* (1988)

69a *Wahrheiten und Irrtümer der Geistesforschung* (2007)

73 *Die Ergänzung heutiger Wissenschaften durch Anthroposophie* (1987)

89 *Bewusstsein – Leben – Form. Grundprinzipien der geisteswissenschaftlichen Kosmologie* (2015)

96 *Ursprungsimpulse der Geisteswissenschaft* (1989)

99 *Die Theosophie des Rosenkreuzers* (1985)

102 *Das Hereinwirken geistiger Wesenheiten in den Menschen* (2001)

110 *Geistige Hierarchien und ihre Widerspiegelung in der physischen Welt* (1991)

113 *Der Orient im Lichte des Okzidents* (1982)

114 *Das Lukas-Evangelium* (2015)

115 *Anthroposophie – Psychosophie – Pneumatosophie* (2012)

119 *Makrokosmos und Mikrokosmos* (1988)

123 *Das Matthäus-Evangelium* (1988)

124 *Exkurse in das Gebiet des Markus-Evangeliums* (1995)

128 *Eine okkulte Physiologie* (1991)

134 *Die Welt der Sinne und die Welt des Geistes* (2009)

140 *Okkulte Untersuchungen über das Leben zwischen Tod und neuer Geburt* (2003)

143 *Erfahrungen des Übersinnlichen. Die drei Wege der Seele zu Christus* (1994)

147 *Die Geheimnisse der Schwelle* (2015)

158 *Der Zusammenhang des Menschen mit der elementarischen Welt* (1993)

178 *Individuelle Geistwesen und ihr Wirken in der Seele des Menschen* (2015)

188 *Der Goetheanismus, ein Umwandlungsimpuls und Auferstehungsgedanke* (1982)

190 *Vergangenheits- und Zukunftsimpulse im sozialen Geschehen* (1980)

192 *Geisteswissenschaftliche Behandlung sozialer und pädagogischer Fragen* (1991)

194 *Die Sendung Michaels* (1994)

212 *Menschliches Seelenleben und Geistesstreben im Zusammenhange mit Welt- und Erdentwickelung* (1998)

233 *Die Weltgeschichte in anthroposophischer Beleuchtung und als Grundlage der Erkenntnis des Menschengeistes* (1991)

254 *Die okkulte Bewegung im neunzehnten Jahrhundert und ihre Beziehung zur Weltkultur* (1986)

265 *Zur Geschichte und aus den Inhalten der erkenntniskultischen Abteilung der Esoterischen Schule 1904–1914* (1987)

267 *Seelenübungen Band I* (2001)

301 *Die Erneuerung der pädagogisch-didaktischen Kunst durch Geisteswissenschaft* (1991)

305 *Die geistig-seelischen Grundkräfte der Erziehungskunst* (1991)

317 *Heilpädagogischer Kurs* (1995)
322 *Grenzen der Naturerkenntnis* (1981)
346 *Vorträge und Kurse über christlich-religiöses Wirken, V* (2001)

Nachweise und Anmerkungen

Textauszüge und Herausgeberkommentare sind jeweils durch eine doppelte Leerzeile voneinander getrennt, die Herausgeberkommentare sind in Grotesk, die Textauszüge in Antiqua gesetzt.

Einleitung

Seite

7 *Nach den Erkenntnissen der Anthroposophie:* Hella Wiesberger: Zur Einführung: Vom geisteswissenschaftlichen Sinn des Kultischen, in: Zur Geschichte und aus den Inhalten der erkenntniskultischen Abteilung der Esoterischen Schule 1904–1914, GA 265, S. 11–42, hier S. 11.

I. Der Ursprung von Irrtum, Furcht und Nervosität

Seite

16 *Die geistigen Wesenheiten:* Die Geheimwissenschaft im Umriss, GA 13, S. 245–250.

18 *Und in dem Grade:* Die Geheimwissenschaft im Umriss, GA 13, S. 256.

19 *Es hatten sich demnach:* Die Geheimwissenschaft im Umriss, GA 13, S. 269 f.

20 *uns anlügen will:* Vortrag Dornach, 17. Oktober 1915, GA 254, S. 64 f.

21 *dass er nicht aus durchdachten:* Vortrag Dornach, 25. Oktober 1915, GA 254, S. 177.
Nehmen wir die Entwicklung: Vortrag Dornach, 25. Oktober 1915, GA 254, S. 171–181.

II. Der Schwellenübergang in der Entwicklung der Menschheit und des einzelnen Menschen

Seite

32 *die als halb seelische, halb körperliche Krankheiten:* Vortrag Basel, 24. September 1909, GA 114, S. 167.
Nun macht man sich von der Menschheitsentwicklung: ebd., S. 152–158.

41 *Denn ist es ein Beweis:* ebd., S. 161 f.

44 *Nach und nach also ist: ebd.*, S. 165–167.

47 *So werden wir in anschaulicher Weise: ebd.*, S. 171.

49 *Für den einzelnen Menschen:* Vortrag Stuttgart, 1. Mai 1919, GA 192, S. 62–65.

54 *Da aber, indem die Menschen:* Vortrag Dornach, 12. Januar 1924, GA 233, S. 229.

55 *Dasjenige, was für den einzelnen Menschen*: Vortrag Dornach, 18. September 1924, GA 346, S. 201 f.

58 *Wenn Sie sich die Schrift vornehmen:* Vortrag Dornach, 11. November 1917, GA 178, S. 159–163.

64 *Einer Wirklichkeit gegenüberstehen:* Vortrag Berlin, 13. April 1908, GA 102, S. 135.
Im Großen und Ganzen ist der Mensch: Vortrag Dornach, 5. April 1919, GA 190, S. 121–123.

III. Die Polarität von Scham und Schreck

Seite

68 *Betrachten Sie einmal das Schamgefühl:* Vortrag Berlin, 25. März 1907, GA 96, S. 261 f.
Ein Mensch erblasst: Wo und wie findet man den Geist?, Vortrag Berlin, 15. Oktober 1908, GA 57, S. 17.

69 *Die mechanisch-materialistische Lebenslehre:* GA 11, S. 229.

70 *Das Blut als solches:* Vortrag Prag, 26. März 1911, GA 128, S. 116 f.

71 *Zwei Seelenerlebnisse gibt es:* Vortrag München, 3. Dezember 1907, GA 56, S. 200 f.

72 *Wir wollen uns kurz:* Vortrag Berlin, 18. Februar 1909, GA 57, S. 267 f.

74 *Und in dem, was sich einfach:* Vortrag Berlin, 17. November 1910, GA 60, S. 118.

75 *Während beim Zurückblicken:* Das Wesen des Gebetes, Vortrag Berlin, 17. Februar 1910, GA 59, S. 111.

76 *Unter den Gefühlen des Menschen gibt es:* Vortrag Berlin, 4. November 1910, GA 115, S. 189.

77 *Wir begegnen also:* Vortrag München, 31. August 1913, GA 147, S. 137 f.

79 *Wir können in den verborgenen Seelentiefen:* Vortrag Berlin, 6. März 1913, GA 62, S. 396.

80 *in umfassendster Weise der Menschheit dienen:* Das gegenseitige In-Beziehung-Treten zwischen den Lebenden und den sogenannten Toten, Vortrag Stuttgart, 20. Februar 1913, GA 140, S. 224.
Ein drastisches Beispiel für ein Wirken: Irrtümer der Geistesforschung, Vortrag Stuttgart, 19. Februar 1913, GA 69a, S. 180 f.

IV. Die Polarität von Zweifel und schreckvollster Verwirrung

Seite

82 *Der Albtraum, wo also der Mensch:* Vortrag Dornach, 20. November 1914, GA 158, S. 100.

84 *Der geistigen Welt sind die Gedanken:* Die sogenannten Gefahren der Einweihung, Vortrag Berlin, 12. Dezember 1907, GA 56, S. 144 f.

85 *Es wiehert' nicht mein schwarzes Pferd:* Ansprache Hannover, 1. Januar 1912, GA 158, S. 158 f.

87 *Es gibt ein Gefühl:* Vortrag Wien, 23. März 1910, GA 119, S. 101.

V. Die Polarität von Skeptizismus und Klaustrophobie, Astraphobie, Agoraphobie

Seite

91 *Es wird ja:* Vortrag Dornach, 1. Oktober 1920, GA 322, S. 66–68.

94 *Es treten uns auf der andern Seite:* ebd., S. 73 f.

95 *Und ohne das Vorrücken:* Vortrag Dornach, 2. Oktober 1920, vormittags, GA 322, S. 80 f.

VI. Vom Ursprung der Panik

Seite

99 *So ist zum Beispiel der Prometheus-Mythus:* Vortrag Bern, 9. September 1910, GA 123, S. 167.

VII. Die Sorge

Seite

101 *überall eine gewisse Furcht:* Vortrag Dornach, 5. Januar 1919, GA 188, S. 67.

Loslösen muss man sich: ebd., S. 73.

102 *Da gehen zum Beispiel Menschen:* Vortrag Berlin, 28. Februar 1911, GA 124, S. 133.

103 *Angenommen, es befinde sich:* Vortrag Oxford, 19. August 1922, GA 305, S. 59 f.

VIII. Die Vielschichtigkeiten der schreckvollsten Verwirrung

Seite

107 *Während der Verbindung des Menschen:* GA 13, S. 95–98.

110 *Für das «Ich» bedeuten:* ebd., S. 64 f.

113 *Die Welt, in der wir leben:* Vortrag Zürich, 14. November 1917, GA 73, S. 184–186.

114 *Das, was die inspirierte und imaginative Erkenntnis anschauen:* Vortrag Dornach, 30. April 1922, GA 212, S. 38–40.

117 *Ich weiß nicht, ob:* Vortrag Basel, 4. Mai 1920, GA 301, S. 146 f.

120 *Es kann das ganze untere System:* Vortrag Dornach, 30. Juni 1924, GA 317, S. 79–82.

126 *Es bleibt vom Menschen eine Schlacke zurück:* Vortrag Berlin, 22. Oktober 1904, GA 89, S. 134.
127 *Seine nächste Aufgabe ist nun:* GA 10, S. 163.
128 *Nun bemerkt der Mensch:* GA 13, S. 373.
130 *Nehmen wir einmal an*: Vortrag München, 24. August 1909, GA 113, S. 40 f.
133 *So müssen Sie sich klar sein:* Vortrag München, 30. Mai 1907, GA 99, S. 70 f.
135 *Wir müssen noch über manches andere:* ebd., S. 72 f.
137 *Heute werden wir eine andere Wirkung:* Vortrag Berlin, 4. Juni 1908, GA 102, S. 205–209.

IX. Heilsame Aspekte des anthroposophischen Schulungswegs

Seite
144 *Für die abendländische Zivilisation:* Vortrag Dornach, 3. Oktober 1920, GA 322, S. 110 f.
146 *Nun, ich setze also voraus:* ebd., S. 113 f.
148 *Hier kommt der Aspekt der Sinne hinzu:* Eine Einführung dazu findet sich im Thementext «Die zwölf Sinne des Menschen in Ihrer Beziehung zu Imagination, Inspiration und Intuition», Dornach: Rudolf Steiner Verlag.
Wenn man so vorgedrungen ist: Vortrag Dornach, 3. Oktober 1920, GA 322, S. 121 f.
150 *Aber derjenige, der die «Philosophie der Freiheit»:* ebd., S. 124 f.
152 *Weitere Ausarbeitungen zu den Themen:* Siehe v.a. aus der Reihe Thementexte «Sich selbst erziehen. Vom Geheimnis der Gesundheit», eingeleitet von Harald Haas, sowie aus der Reihe «Die kleinen Begleiter» die Titel «Andacht und Achtsamkeit. Stufen des Wahrnehmens», hrsg. von Andreas Neider; «Die Chakren. Sinnesorgane der Seele», hrsg. von Andreas Neider; «Imagination. Bildekraft des Denkens», hrsg. von Edward de Boer; «Intuition. Brennpunkt des Denkens», hrsg. von Edward de Boer; «Herzdenken. Über inspiratives Erkennen», hrsg. von Martina Maria Sam; «Die

Nebenübungen. Sechs Schritte zur Selbsterziehung», hrsg. von Ateş Baydur; ferner Harald Haas: «Der 8-gliedrige Pfad und die anthroposophische Psychotherapie», in: Der Europäer, Jg. 18, Nr. 12, Oktober 2014, S. 24–27 und Harald Haas: «Die 6 Nebenübungen und die Bhagavadgita», in: Der Europäer, Jg. 18, Nr. 11, September 2014, S. 19–22.

153 *Die erste Bedingung ist:* Allgemeine Anforderungen, die ein jeder an sich selbst stellen muss, der eine okkulte Entwicklung durchmachen will, GA 267, S. 55–61.

155 *Wenn wir das Beseeltsein unserer Sinnesempfindungen:* Vortrag Dornach, 30. November 1919, GA 194, S. 111–115.

159 *die Seelenqualitäten von Staunen, Mitgefühl und Gewissen:* Vortrag Hannover, 27. Dezember 1911, GA 134, S. 9–27.

160 *Wenn man nach langem Vertiefen:* Vortrag Köln, 8. Mai 1912, GA 143, S. 185.

X. Die geisteswissenschaftlichen Qualitäten der Angst im Vergleich mit den standardisierten diagnostischen Bezeichnungen und als Grundlage der Therapie

Seite

167 *Akzeptanz- und Commitmenttherapie:* vgl. dazu Harald Haas: «Fassung II von Schreck, Scham Zweifel und schreckvollste Verwirrung», in: Rundbrief für anthroposophische Psychotherapie, 2014, 4. Beitrag, S. 14–24.